山田博文

政府保証の国債がわかる本

金融ビジネスと債務危機

大月書店

はじめに

二〇一三年四月五日、新聞各紙の一面トップを飾ったのは、日本銀行が資金供給を二倍にし、国債購入量の制限をなくすという記事であった。日本の金融政策は一体どこへ向かおうとしているのだろうか。

長期化する不況のトンネルから脱出できない国で、年間の売買高が「兆」の単位を超え、一「京《けい》」円の活況にわきあがる市場がある。それは、政府の発行する国債を売買する市場である。このような天文学的規模の国債売買市場から、数千億円の売買差益を得るごく少数の巨大金融機関もある。巨額のマネーを動かす金融機関や内外の大口投資家にとって、国債売買市場は、長期化する不況と先行き不透明な時代に、確実に大口の利益をもたらす市場になっている。

国債は、予算が不足したとき、政府が借金によって財政資金を調達するために発行する債務証書（国庫債券＝略して「国債」）である。したがって、国債の発行は、政府に債務償還（借金返済）の義務を負わせる。政府債務の償還は、最終的には、国民の税金に依存するので、政府債務が巨額になると、たえず増税圧力となって作用し、新たな財源（消費税など）が導入されるなど、国民負担を増大させる。

だが、立場を変えると、まったく事情は異なる。国債を買い、政府に財政資金を貸しつけた金融機関・投資家は、政府から元本の償還と利子を受け取る権利を手にする。さらに国債価格の変動を利用し、安く買って高く売ることによって売買差益も得ることができる。つまり、国債は、政府（納税者・国民）にとっては償還義務を負う債務証書であるが、民間の金融機関・投資家にとっては、政府によって保証された、その国を代表する金融商品にほかならない。

財政赤字をファイナンス（資金調達）するために発行された国債は、国民には債務償還の負担を強いながら、政府の債権者になった金融機関・投資家には、政府の保証する新しい金融ビジネスのチャンスと利益を提供してきた。実際のところ、国債市場を舞台にした旺盛な金融ビジネスは、金融機関・投資家に大口の利益を提供しただけでなく、金融システムのあり方にも影響を与え、金融の自由化、規制緩和を促進し、投機的な金融活動に適したシステム改革の推進力となった。


世界各国で、政府債務の危機が深刻化している。「リーマン・ショック」につづくギリシアの財政危機、さらにユーロ圏や主要資本主義国の危機をもたらした現代のグローバルな政府債務危機の背後には、各国政府の発行する国債をめぐる内外の金融機関・大口投資家の「カジノ型金融資本主義」ともいうべき旺盛な金融ビジネスが存在する。各国の財政危機と国債増発のピンチは、利益を求めてグローバルに活動する巨大な金融機関・投資家にとって、むしろ政府保証の金融ビジネスのチャンスを創り出してきた。

わが国の場合、二一世紀初頭の国債発行残高は、経済規模（GDP）のほぼ二倍の一〇〇〇兆円にまで累積し、主要先進国のなかで最悪である。その結果、国債を保有する政府の債権者（金融機関・投資家）に対して、毎年の予算（二〇一三年度九二・六兆円）から二二・二兆円を償還している。わたしたち国民は、一人あたりほぼ一〇〇〇万円の公的な債務をかかえる「一億総債務者」になり、消費税や所得税などを納税することによって、政府の債権者たちの金融ビジネスを支えている。しかも、この公的な債務の償還は長期間にわたり、現在だけなく、将来世代にものしかかる。

現代日本の経済社会は、なぜ、このような問題を抱え込んでしまったのだろうか、その背景やしくみを解き明かすことで、解決策も見えてくるにちがいない。

目次

第I章

国債ビジネスと政府債務危機

1　国債とは何か

そもそも国債とは、どのようなものなのか。『新版現代証券事典』によれば、「国債とは平たくいえば国家の借金である。企業や家計の借金は将来の利益や給与等の所得からの元利の返済が予定されるが、国家の借金の場合は将来の租税収入からの返済が予定されている」[1]と定義されている。

このような国債は議会制度の成立とともに誕生した。それまで、国王や大名など君主たちの私的な借金は、君主の死とともに棒引きになり、後世に引き継がれることはなかった。だが、議会制度が成立し、議会において予算が編成され、国債の発行額が決定されるようになると、国の借金は君主の私債から国債（国庫債券）、つまり国民の借金になった。

しかも気まぐれな君主と違い、議会において国債の発行から償還までのプログラムが決定され、国債の元本と利払いを担保する恒久税が導入され、確実な元利払いが行われるようになると、国債は安全確実な金融資産の地位を確立し、富裕層や金融業者にとって格好の投資物件になった。国債に投資し、国の債権者になった富裕層や金融業者たちは、国から元利金を受け取るだけでなく、しだいにその国の予算の編成や財政運営にも影響力をもつようになる。

他方で、主権者となった国民は、君主の死後も、議会で決めた国債の償還プログラムに沿って、何世代にもわたって、借金の返済と増税を強要されることになった。国債とは、「国家の借金」、つまり将来にわたって償還義務を負う政府債務にほかならないからである。政府債務の償還を保証するのは、国家の租税徴収権に基づいて徴収される将来の税金である。

したがって、「国債は国庫収入を後ろだてとするものであって、この国庫収入によって年々の利子などの支払がまかなわれなければならないのだから、近代的租税制度は国債制度の必然的な補足物になった」[2]（マルクス）、といえる。租税制度は、国民の社会生活のための財源というよりも、国債を買って国の債権者になった金融機関や投資家への借金返済のための補足物に変質する。巨額の累積国債を抱えこんだ国は、国庫が借金の返済に追われるので、たえず新しい財源と過重な課税を追い求めるようになり、国民と納税者は重税に苦しむようになる。

国債の償還（政府債務の返済）期限は、わが国では建設国債[3]の見合い資産（公共建築物）の効用発揮期間を六〇年と想定していることから、国債の償還期限に六〇年償還ルール[4]が採用されているので、国債の発行された時点から、六〇年間をかけて最終的に債務が償還されるしくみになっている。

したがって、国債を発行して財政資金を調達し、その資金を年度内に予算として消化することは、以後、六〇年間かけて徴収されることになる将来の税金を先取りして、いま使ってしまうことを意味する。政府の手元には、将来世代に対して償還を義務づけられた債務証書としての国債が残る。国債発行に依存した財政運営は、将来の税金の先取り消費に依存した財政運営にほかならない。国債の発行残高が増大すればするほど、将来の税金の先取り消費が進んだことになり、その分、将来世代の税負担も増大していく。

だが、前述したように、政府にとっては、将来世代をも巻きこんだ債務の償還を義務づけられた国債は、民間の投資家にとっては、政府が将来の税金のなかから確実に償還してくれる安全で格付[5]の高い有力な金融商品・投資物件としての性格をもつ。

財務省は、ホームページで国債の購入を促して、次のように呼びかけている。

「国債は、国が発行し、利子及び元本の支払（償還）を行う債券です。利子は半年に一回支払われ、元本は満期時に償還されます」[6]。ここにおいて、国債は、政府がその利子及び元本の支払いを保証する安全で格付の高い金融商品（金融資産）となる。つまり、「国債は、政府の金融債務であり、同時に、民間部門にとっては金融資産である」[7]、と定義される。

民間企業の発行する社債の場合も、社債の購入者（社債の投資家＝企業にとっては資金を貸してくれた債権者）も、企業に対して利子及び元本を請求できるが、民間企業の場合には、経営が赤字になったり、倒産した場合、利子及び元本の支払いが遅延したり、支払い不能になるケースもある。そのため、せっかく購入した社債も、紙クズ同然になるリスクがある。

だが、政府が倒産することはまず考えられず、国債の利子及び元本も、税金によって支払われるので、国債の投資家や保有者たちは、必ず定期的に確実に政府から利子及び元本を受け取ることができ、民間企業の社債のように紙クズになるようなリスクはほとんどなく、安全で格付の高い金融商品と見なされる。

こうして国債の発行は、一面では、政府のもとに債務を累積させ（表1-1）、国民に重税を強要することになるが、他面では、余裕資金の安全な運用を意図する内外の金融機関・投資家に対しては、投資の対象となる格付の高い金融商品を提供する。現代日本では、多種多様な国債が発行されている。最もベーシックな国債は、償還期限一〇年の長期国債であるが、これ以外にも、金融機関・投資家の細かい金融ニーズに対応して、償還期限で見ると、二・三・四・五・六年の中期国債や一五・二〇・三〇・四〇年の超長期国債が発行される一方、三カ月・六カ月の割引短期国債（TB）や政府短期証券（FB）――これらは、二〇〇八年度以降国庫短期証券（T-Bill）として統合された――などが発行され、金融商品として品ぞろいされている。

このような多種多様な国債が発行されているが、国債の投資家は、いったん買った国債を最終的な満期償還日まで保有しつづけることはあまりなく、途中、売却して、現金化したり、買値よりも高く売れれば、売買差益を得ることができる。つまり、国債は、株式などほかの証券と同様、第三者に譲渡可能な金融商品であり、高い流動性をもつ。とくに国債の場合、発行母体が国なので、投資家にとっての元本回収の安全性を評価する格付は、最高位のAAA（トリプルエー）の場合が多く、内外の市場での信頼度が高く、投資家のあいだで、自由に、頻繁に売買されている。国債は、すでにわが国を代表する巨大な金融市場（国債流通市場＝公社債市場や債券市場ともいう）に成長し、その規模は、一京円の売買高（現物と先物の往復計算）を記録した（図1-1）。

表１－１　日本の政府債務残高

（単位: 億円、2012年度末現在）

合　計 1,085兆 5,072億円 (100.0%)	内国債 828兆 7,281億円 (76.3%)	普通国債 708兆 8,547億円 (65.3%)	建設国債	246兆 6,694億円 (22.7%)
			特例国債	425兆 2,457億円 (39.2%)
			減税特例国債	2兆 1,114億円 (0.2%)
			日本国有鉄道清算事業団承継債務借換国債	18兆 4,799億円 (1.7%)
			国有林野事業承継債務借換国債	2兆 2,247億円 (0.2%)
			交付税及び譲与税配付金承継債務借換国債	1兆 4,431億円 (0.1%)
			復興債	12兆 6,806億円 (1.2%)
		財政投融資特別会計国債		113兆 4,659億円 (10.5%)
		交付国債		1,984億円 (0.0%)
		出資･拠出国債		1兆 7,296億円 (0.2%)
		株式会社日本政策投資銀行危機対応業務国債		1兆 1,700億円 (0.1%)
		年金積立金管理運用独立行政法人国債		2兆 4,879億円 (0.2%)
		国家公務員共済組合連合会国債		672億円 (0.0%)
		日本私立学校振興･共済事業団国債		290億円 (0.0%)
		日本高速道路保有・債務返済機構債券承継国債		7,254億円 (0.1%)
	借入金 57兆 3,701億円 (5.3%)		借入金	17兆 2,559億円 (1.6%)
			短期借入金（５年未満）	40兆 1,142億円 (3.7%)
	政府短期証券 199兆 4,091億円 (18.4%)		財政融資資金証券（年度越の額）	2兆 7,000億円 (0.2%)
			外国為替資金証券（年度越の額）	195兆円 (18.0%)
			石油証券（年度越の額）	1兆 1,916億円 (0.1%)
			食糧証券（年度越の額）	5,175億円 (0.0%)

（注）１．本表は、24年度当初予算の計数である。
（注）２．単位未満四捨五入
財務省ＨＰより作表。

図1－1　国債売買市場の規模

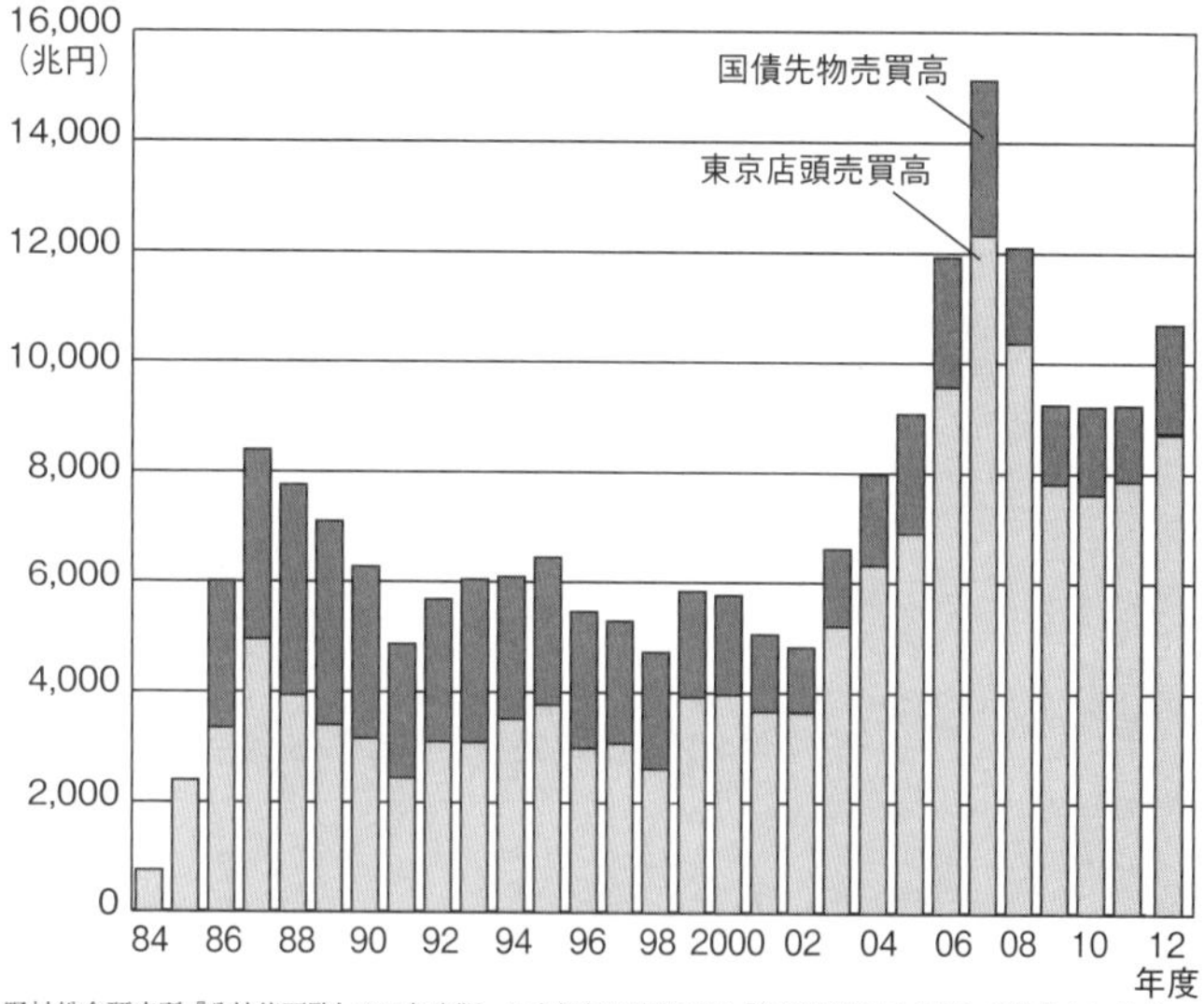

野村総合研究所『公社債要覧』1995年度版，日本銀行調査統計局『金融経済統計月報』各月号より作成。

高度経済成長の時代が終わり、実体経済が低成長に移行した一九七〇年代の半ば以降、金融機関に集積し、利殖先を求めるマネー（貨幣資本）は、株式市場や不動産市場に流入していっただけではない。低成長下、景気回復策や歳入不足を補うために増発された国債は、安全確実な金融商品として、マネーに新しい利殖先を提供し、大口の市場に成長していった。

2　政府保証の国債ビジネスの構図

経済成長を最優先し、景気が低迷するたびに大型公共事業が断行され、政府が不況を買い取る経済政策が、戦後、長い間つづけられてきた。公共事業の財源は、一般会計を発行母体にした建設国債の発行に依存してきた。

こうして増発された国債は、国民の税負担に支えられながら、新しい大口の金融市場（国債市場）を誕生させ、そこでは空前の売買取引が行われている。ここに見えてくるのは、国債の発行が新たなビジネス・チャンスを提供し、実体経済が低迷しているにもかかわらず、国債ビジネスを通じて金融機関・投資家は、莫大な利益を獲得してきたことである。

「国債が玉不足になることは、金融機関にとって、引受手数料、ディーリング益、クーポン（表面利率）収入が減るという点で、まさにトリプル・パンチなんです[8]」。これは、一九八〇年代末から一九九四年にかけて一時的に国債発行の減額に直面したときの大手銀行幹部の言葉である。この言葉は、当時の国債発行当局によっても裏付けられる。「六五年（一九九〇年―引用者）以降赤字国債が発行されなくなるため、資金の運用先がなくなることを心配した金融機関の担当の方が、最近よくお見えになるんです（福田誠・大蔵省主計企画官―当時）[9]」。これは、国債が金融機関の資金運用ビジネスにとって不可欠の金融商品であることを示している。

そこで、国債発行を起点にした政府保証の国債ビジネスについて、そのしくみ（図1―2）を示しておこう。国債が発行されなくなると、なぜ大手銀行は、「トリプル・パンチ（三重の痛手）」を食らうのだろうか。

戦争や景気対策など、平時の税収を上回る予算を組もうとしたとき、その不足分は借金に依存する。政府の借金は、国庫債券（略して「国債」）を発行し、この国債を買ってもらうやり方で、

図１－２　国債ビジネスのしくみ

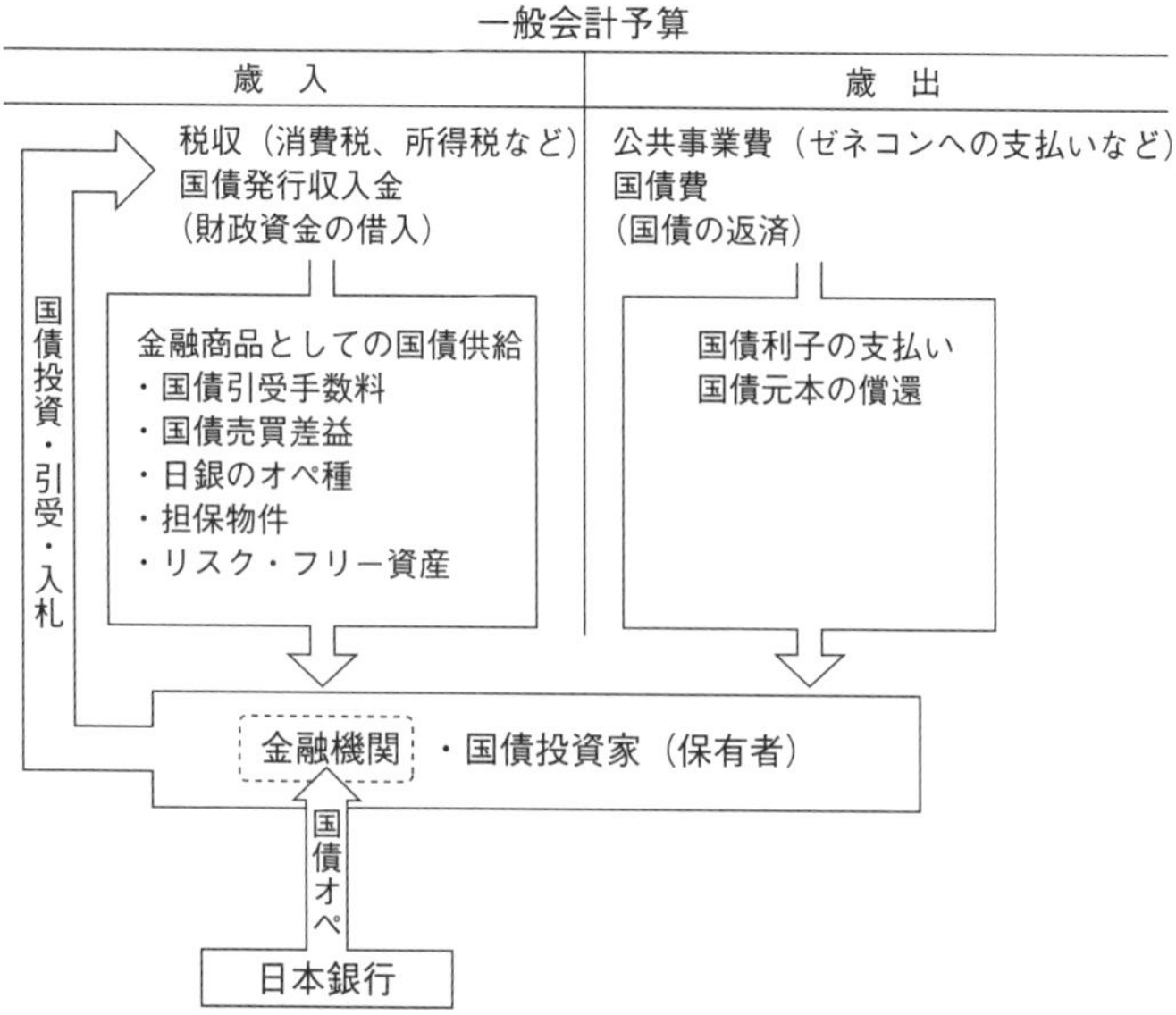

不足する財政資金（国債発行収入金）を集める。

国債を買う側（国債投資家＝そのほとんどは金融機関）は、政府から一定の利子を受け取ることができ、また額面金額（国債の券面に表示された金額）についても必ず償還してもらえる。国債は確定利付き証券であり、国債の本券には、あらかじめ政府が支払う利子率（これをクーポンないし表面利率という）が明記され、また額面金額と償還日（償還期日）が明記されている。国債投資家にとって、国債は、政府から年二回定期的に利子を受け取り、償還日には額面金額を全額償還してもらえる信頼できる金融商品にほかならない。

たとえば、クーポン（表面利率）が二

%で、償還期限が一〇年の国債（典型的な一〇年物長期国債）を額面で一〇〇万円分購入した投資家は、政府から毎年二万円の利子を一〇年間受け取ることができ、償還日には額面一〇〇万円を全額償還してもらえる。

したがって、大手銀行幹部の言葉のように、国債が発行されなくなると、金融機関などの国債投資家にとって、まず、①このクーポン（表面利率）の収入がなくなるというパンチを食らってしまう。金融機関の国債保有高は巨額であるため、たとえば国債を一兆円保有していたなら、その二％の二〇〇億円のクーポン収入を失ってしまうからである。しかも、政府保証の国債ビジネスから得られる利益はこのような利子収入だけではない。

②国債が発行されなくなると、国債の「引受手数料」が入らなくなる。月々発行される国債は、一九六六年一月以降、内外の金融機関から組織された「国債引受シンジケート団」によって一括して買い取られるやり方（これを「国債の引受」という）で、発行されてきた。そのたびに、政府は、この「国債引受シンジケート団」に対して国債引受手数料を支払っていた。たとえば、引受手数料が三％なら、一〇〇億円分の国債を引き受ける金融機関には、毎回三億円の引受手数料が支払われる。その後、「国債引受シンジケート団」は、二〇〇六年三月に廃止され、国債発行は、全額競争入札へと変わっていったが、国債引受シンジケート団の構成メンバーは、新たに組織された内外の大手金融機関二五社からなる「国債市場特別参加者」[10]（表1-2）として、わが国の国債管理政策の策定に参加し、国債の発行市場だけでなく、流通市場のあり方にも大きな影響

を与えている。とくに、参加者の中で大きな存在は、世界の金融・証券市場において圧倒的な市場支配力をもつゴールドマン・サックス、メリルリンチ、シティグループ、ＪＰモルガンなど、「カジノ型金融資本主義」を主導するアメリカの金融機関である。

③国債が発行されなくなり、国債を売買する市場が低迷するようになると、金融機関などの国債投資家にとって、国債の「ディーリング益」が減ってしまう。国債のディーリングとは、銀行

表１－２　国債市場特別参加者

アール・ビー・エス証券会社（英）
SMBC 日興証券株式会社（日）
岡三証券株式会社（日）
クレディ・アグリコル証券会社（仏）
クレディ・スイス証券株式会社（スイス）
ゴールドマン・サックス証券株式会社（米）
JP モルガン証券株式会社（米）
シティグループ証券株式会社（米）
ソシエテ ジェネラル証券会社（仏）
大和証券株式会社（日）
ドイツ証券株式会社（独）
東海東京証券株式会社（日）
野村證券株式会社（日）
バークレイズ証券株式会社（英）
BNP パリバ証券株式会社（仏）
みずほインベスターズ証券株式会社（日）
株式会社みずほ銀行（日）
株式会社みずほコーポレート銀行（日）
みずほ証券株式会社（日）
株式会社三井住友銀行（日）
株式会社三菱東京 UFJ 銀行（日）
三菱 UFJ モルガン・スタンレー証券株式会社（日）
メリルリンチ日本証券株式会社（米）
モルガン・スタンレー MUFG 証券株式会社（米）
UBS 証券株式会社（スイス）

（50音順、平成 24年 6月 18日現在）
財務省 HPに加筆して作成。

や証券会社が、顧客からの注文でなく、自行・自社の巨額の資金（自己勘定）を使って、不特定多数の顧客を相手に国債を売買することであり、その結果手にした利益が国債の「ディーリング益」である。とくに預金業務を営む銀行のもとには、莫大な資金が集中するので、銀行の国債ディーリング（バンク・ディーリング）は、国債売買市場（国債流通市場という）の主役であり、銀行自身も、国債ディーリングによって、営業利益の二〇％前後を稼ぎ出している。

このように、国債の発行と国債流通市場の膨張は、銀行などの金融機関にとって、クーポン（表面利率）収入、引受手数料、ディーリング益といったトリプルの収益源となり、現代の金融機関の利益の主要な柱になっている。

財政赤字や政府債務の側面だけで国債問題をみていると、金融商品としての国債が、金融機関などの国債投資家にとっていかに巨額の利益をもたらすものとなっているか、見落としてしまいがちである。そうではなくて、国債発行を起点にした旺盛な国債ビジネスが展開され、大口の利益となる政府相手の金融ビジネスを継続したい金融機関のニーズに応えてきた結果として、国債が増発されてきたことにも着目する必要がある。累積する国債に抱えられた世界に冠たる「政府債務大国」日本に陥ったのは、決して公共事業と景気対策（ゼネコンを介した公共事業関連企業にとっての利益）のためだけでなく、国債ビジネスに邁進する金融機関・投資家の利益追求に応えてきたからでもあった。

3　巨大金融市場の出現

経済成長と景気対策のための公共事業は、その効果がきわめて疑わしいにもかかわらず、その財源として国債が増発されてきたのは、別の動機が存在した。それは、実体経済が低成長期に移行した一九七〇年代の半ば以降、実体経済から生み出される利益の低迷を補うために、政府の発行する国債という金融商品に新しいビジネス・チャンスを求める各方面の金融ニーズに応えてきたからであった。

というのも、多種多様な金融商品のなかにあって、国債は、安全で、格付の高い金融商品にほかならない。国債の発行元の政府は、民間の株式会社のように倒産するリスクもなく、不景気のときであっても、利子は予算の中から着実に支払われるからである。そのうえ、日本政府は、金融の自由化・国際化を推進する切り札として、内外の投資家に国債を発行し、新たな大口の金融市場として国債市場を育成してきた。

実際、その金融市場としての影響力はすさまじく、国債の売買高は、わが国の統計史上、はじめて「兆」の単位を超越して、「京」の単位を記録した。二〇〇七年度の国債売買高は、一京二三二三兆円（これに国債先物売買高二八〇六兆円を加えると、国債売買高の総額はほぼ一京五〇〇〇兆円）に達した。国債売買市場は、他に例のない超巨大金融市場であり、内外のマネーが一瞬の価格変動をねらって超短期の売買を繰り返すマネーゲームと投機の大舞台になっている。投機（speculation）とは、「市場での価格変動による差益をねらった売買取引を意味[11]」する。世のため人のために役立つ財・サービスを新しく生産するのではなく、既存の商品、証券、為替の価格変動を利用し、安く買って、高く売り、その差額をもうけることを目的にした非生産的な売買取引が投機である。

現代日本の国債売買市場は、その規模が天文学的な規模にまで達する一大投機市場になっている、といってよい。銀行や証券会社などの金融機関、内外の投資家は、増発されつづけた国債によって大きなビジネス・チャンスをつかんだのである。

まさに、「財政赤字の一方的拡大こそが、新市場の発達、金融機関業務のあらたな展開、短期オープン市場の発達、金融商品の開発競争など、金融『革新』と金融活況とを同時に進行させた直接の、そして最大の要因であった[12]」、といえる。

一九七〇年代の半ば以降、日本経済は、それまでの高度成長経済から低成長経済に移行した。実体経済が低迷するなかで利益を確保しようとするには、先行するアメリカのように、金融ビジネスを育成、拡大していくことになる。事業会社も、本業の物づくりだけでなく、副業として財テク・マネーゲームに参入するようになる。たとえば、トヨタ自動車は、数兆円の内部留保金を運用し、財テク・マネーゲームによって金融収益を追求する「トヨタ銀行」の顔をもつようになる。

そのうえ、経済のグローバル化・金融化を推進するアメリカは、公的金融システムに封印された郵貯・年金マネーをねらって、日本に「金融開国」を迫り、わが国の金融自由化・国際化が加速する。一九九〇年代の半ばには、日本の金融システムをアメリカと同じようなシステムに改革するよう「金融ビッグバン」を迫る。二〇〇一年にこの金融ビッグバン改革が予定どおり終了したとき、アメリカの金融産業にとっては五一番目の「ニッポン州」が誕生したことになり、アメリカの金融機関、各種ファンドなどが大挙して日本国内に流入し、日本の市場における占拠率を高め、東京市場の「ウインブルドン化」（場所は提供するが主要なプレーヤーは外国勢）が進展してきた。

政府によって増発されつづけ、天文学的な規模にまで膨張した国債市場の影響力は、このような一連の金融制度改革の流れを促進し、「金融大国日本」に道を開いてきた。ここには、内外の金融機関・投資家の致富行動をサポートしてきたわが国政府の従順な追随がある。

4　超金融緩和政策と銀行救済・国債大量発行

世紀の転換点に採用された、歴史上例をみない超金融緩和政策（ゼロ金利政策、とくに量的金融緩和政策）は、国債市場をバブル市場に転換させた元凶であった。「デフレからの脱却」という名目で、日本銀行を時の政府に従属させ、政府の失政の責任を中央銀行に転嫁させた政策でもあった。

つまり、こうである。政策当局と審議会メンバーの経済学者たちは、「デフレ不況」は、日本経済にマネーが十分供給されないためである。だから、物価の下落と不況の深刻化を阻止するために、日本銀行は、他に例をみないような超金融緩和政策を採用せよ、と圧力をかける。政府は日銀総裁を国会に呼びつけ、叱咤激励し、一層の金融緩和政策を迫りつづけた。その方法は、日本銀行が民間銀行の保有する国債などを大量に買い取り（国債買いオペレーション）、その買い取り代金をそっくり供給し、民間銀行の下に使い切れないほどのマネーをプールする。そして、民間銀行は、その潤沢すぎるマネーを、企業に低金利で大量に貸し出すなら、企業活動は活性化し、物価も上がり、日本経済は「デフレ不況」から脱却できる、というシナリオであった。

だが、この政策は、実際の事態の推移によって否定され、誤りであることが証明された。歴史上例をみない超金融緩和政策を展開しても、「デフレ不況」から脱出できなかったし、インフレを起こそうとする政府の意図に反して、物価も上がらなかった。

なぜ、このような結果になったのか。「デフレ不況」の原因は、マネー（マネーサプライ＝企業や家庭が保有する現金と預金）が不足したからではないからである。不況の真因は、一九九八年以降、賃金が連続して切り下げられ、さらに従業員の解雇と失業が広がり、生活防衛のために国民は財布の紐を固く締めるようになり、消費支出がマイナスを記録しつづけたからである。つまり消費不況が、政府のいう「デフレ不況」の真因だったのである。

だから、不況から脱出するには、賃金カットをやめ、リストラをやめ、まさに国民の生存権を擁護するためのさまざまな政策を展開する必要があったのに、こうした政策を行わなかっただけでなく、逆に、社会保障費をカットしてきたのである。

また、物価が下がりつづけたのは、マネーが不足したからでなく、賃金の削減がつづくことから国民の可処分所得が減り、将来不安も増幅され、消費支出がマイナスになり、各種の財やサービスに対する需要が激減したことに加え、「世界の工業」に成長した中国などから、安価な商品が大量に輸入され、円高と相まって、日本の国内物価が下押しされつづけたからである。

そもそも物価の下落は、国民生活には多くのメリットをもたらすので、物価がマイナスに陥ることを阻止し、プラスに転化するまでマネーを供給するといった超金融緩和政策に踏み切ること自体が、国民の生存権を脅かす政策であるといえよう。

では、どうしてこのような超金融緩和政策が発動されたのか、その真のねらいは、以下の二点にあろう。

第一に、バブル崩壊後、不良債権を大量に抱えこみ、経営困難に陥った民間銀行の救済である。すなわち、日本銀行が、不良債権問題に悩む民間銀行の国債を買い取ることは、しかも取得価格よりも高めに買い取ることは、民間銀行にとって、日銀から安定した国債売買差益を受け取ることができ、日銀から一種の補助金をもらうようなものである。超金融緩和政策によって、民間銀行の経営は安定し、破綻を免れた。

図1－3　日銀信用に依存した国債増発のしくみ

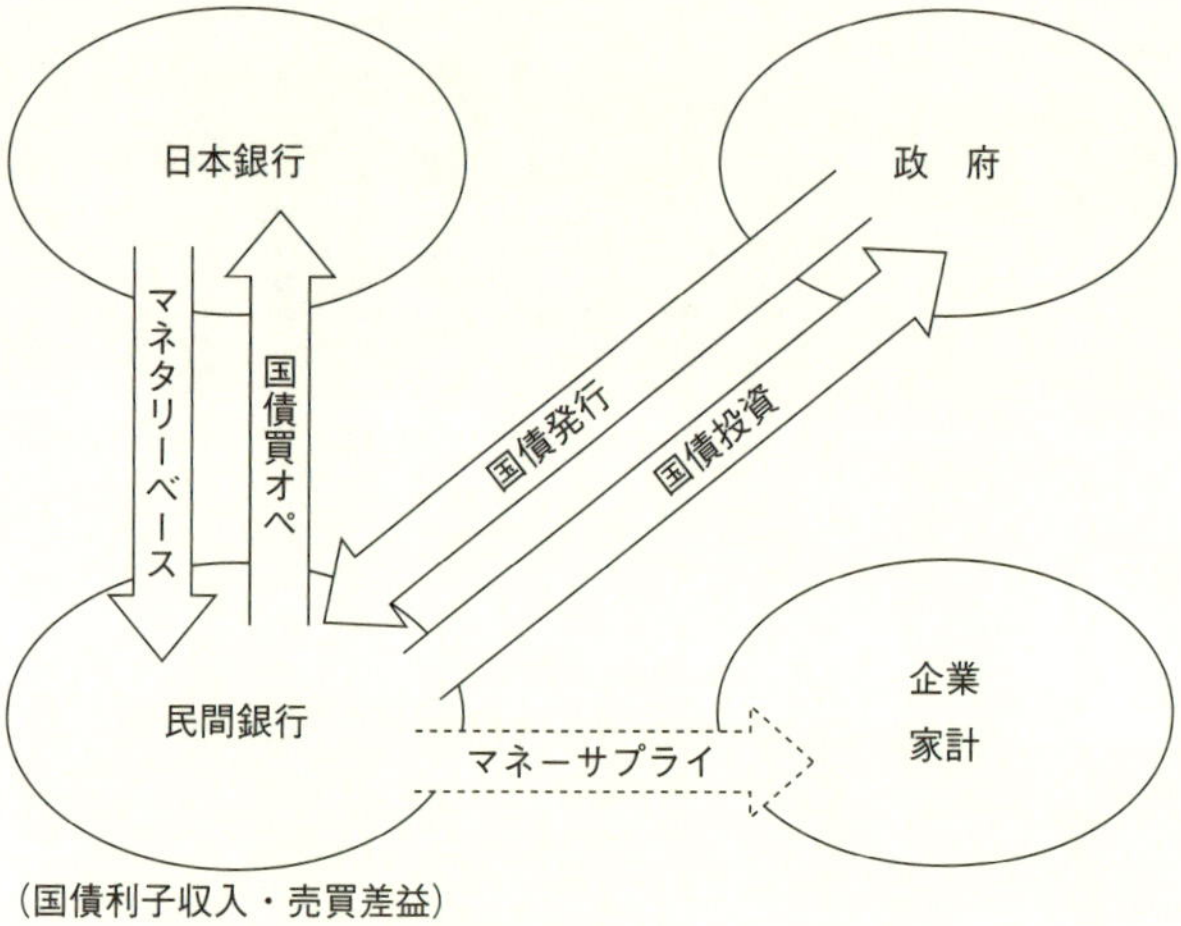

第二に、国債大量発行の基盤整備である。日本銀行の国債買いオペレーションによって供給されたマネー（マネタリーベース）は、民間銀行の貸し渋りによって、企業には貸し出されず、したがって企業・家計へのマネーサプライは伸びず、不良債権化するリスクのない国債投資へ向かっていった。日銀買いオペに支持された民間銀行は、毎年、ほぼ三〇兆円をこえて発行されつづけた国債の大量の買い手となった。銀行が国債を買い支えてくれるので、政府は、増発される国債の消化基盤をもったことになる（図1－3）。

このように、超金融緩和政策は、銀行救済と国債大量発行を真の目的にして展開されたが、それはまた、累積国債に抱えられた「政府債務大国」を誕生させた。

5　民営化株式の発行と政府相手の株式ビジネス

政府相手の金融ビジネスに道を開いたのは、国債市場だけではない。ＮＴＴ株式の発行など、国有資産の民営化による民営化株式の大量発行は、国庫に新しい収入（民営化株式の売却収入金）をもたらす一方、わが国株式市場において、政府の発行する株式として個人投資家層の安心と人気を集め、株式市場への大勢の新規参入を促進した。それまで、株式の取引は、なにか賭け事めいた取引のように思われていた古い日本の「株式文化」を一新し、株式ビジネスを活性化させた。政府自身による民営化株式の発行は、国庫への資金の供給と株式市場・株式文化の活性化、といった一石二鳥の国策であった、といえよう。

財政赤字が深刻化し、債務償還の財政資金が枯渇化し、国債償還のための財源すらおぼつかなくなると、新しい財源を求めてさまざまな政策が発動されてきた。一九八九年四月に新たに導入された消費税は、当初の税率三％から、その後五％に税率が引き上げられ、国庫にほぼ一〇兆円の新たな税収をもたらした。

だが、このような増税以外に、各種の国有財産が売却され、その売却収入金が国庫に納められている。日本電信電話公社や国鉄などの民営化株式の売却は、一九八五年度から二〇〇四年度までの累計で、国庫に三一兆三〇〇〇億円の莫大な収入をもたらした。

なかでも、わずか三回のＮＴＴ株の売却で政府が手にした国債償還財源は、総額一〇兆八二七億円の莫大な規模におよんでいる。これは、史上空前の株式売却額である。このＮＴＴ株の売却目的は、明確であった。それは、国債保有者の利益（利子の支払いと元本の償還）を確保するために、枯渇寸前だった国債の償還財源を調達することである。政府は、累積した政府債務の償還のための財源を、国有資産の売却収入金によって穴埋めした。

この点は重要である。ＮＴＴ株の売却をめぐって、以下の諸点が留意されよう。①財政資金の調達が株式市場に依存するようになり、本来安定的であるはずの財政運営が、本来不安定に価格の変動する株式市場に依存し、国庫の資金繰りが株価の動向に振り回される「株価連動型財政」ともいうべき局面がおとずれたこと、②株価動向を安定化させるために、政府は、年金積立金などの公的資金を動員して株式に投資させ、株式への新しい需要を発生させることで、株価の下支えを行うようになったこと、③国庫の資金繰りが悪化した場合、政府は、株式市場の動向を無視してまでも保有株を売却し、相場を悪化させる場合もあること、などである[13]。

それだけではない。ＮＴＴ株式の発行は、いままで株式市場に全く縁のない個人を、株式市場に誘い込むうえで大きな効果を発揮した。なんといっても政府の売り出す株式だから、安心して株式投資ができる、といった風潮が育成された。証券会社は、抽選となったＮＴＴ株式の販売をめぐって、短期間のうちに、延べ人数ほぼ一〇〇〇万人の顧客名簿を整備できた。政府のＮＴＴ株式の発行は、「一億総投資家」のバブル時代を牽引した。

民営化株式の発行は、証券市場の育成と新たな金融商品の提供、「貯蓄よりも投資」を推奨するアメリカのような「カジノ型金融資本主義」を定着させようとする国策的な意図をもって推進された。

6　「政府債務大国」日本の世界ランキング

インターネットの検索ソフトを立ち上げ、「リアルタイム財政赤字カウンタ」のキーワードで検索すると、いまこの瞬間で増えつづけるわが国の政府債務の金額が、時々刻々とカウントされるサイトにヒットする。サイトによって数値は若干異なるが、二〇一三年四月現在、地方債を含めた日本全体の総債務残高は一二三七兆円六七二六億円である。このうち政府短期証券を含む国債発行残高は九四三兆五一八七億円である。国債発行残高だけでも、自国の経済規模（GDPほぼ五〇〇兆円）をはるかに上回り、わが国は、国債に抱えられた世界有数の「政府債務大国」に転落してしまった（図1－4）。

IMFによれば、[14]世界の政府総債務残高（対GDP比・二〇一一年）ランキングで、日本はトップの二三〇％であり、二位は、ユーロ圏の財政危機国として世界の注目を浴びたギリシアで一六五％、三位は中南米のセントクリストファー・ネーヴィス一五四％、以下中南米・アフリカの諸国がつづき、主要国ではイタリアが一二〇％で七位である。そのほかの主要国では、アメリカ一

図１－４　膨張する政府債務残高の対 GDP 比（％）

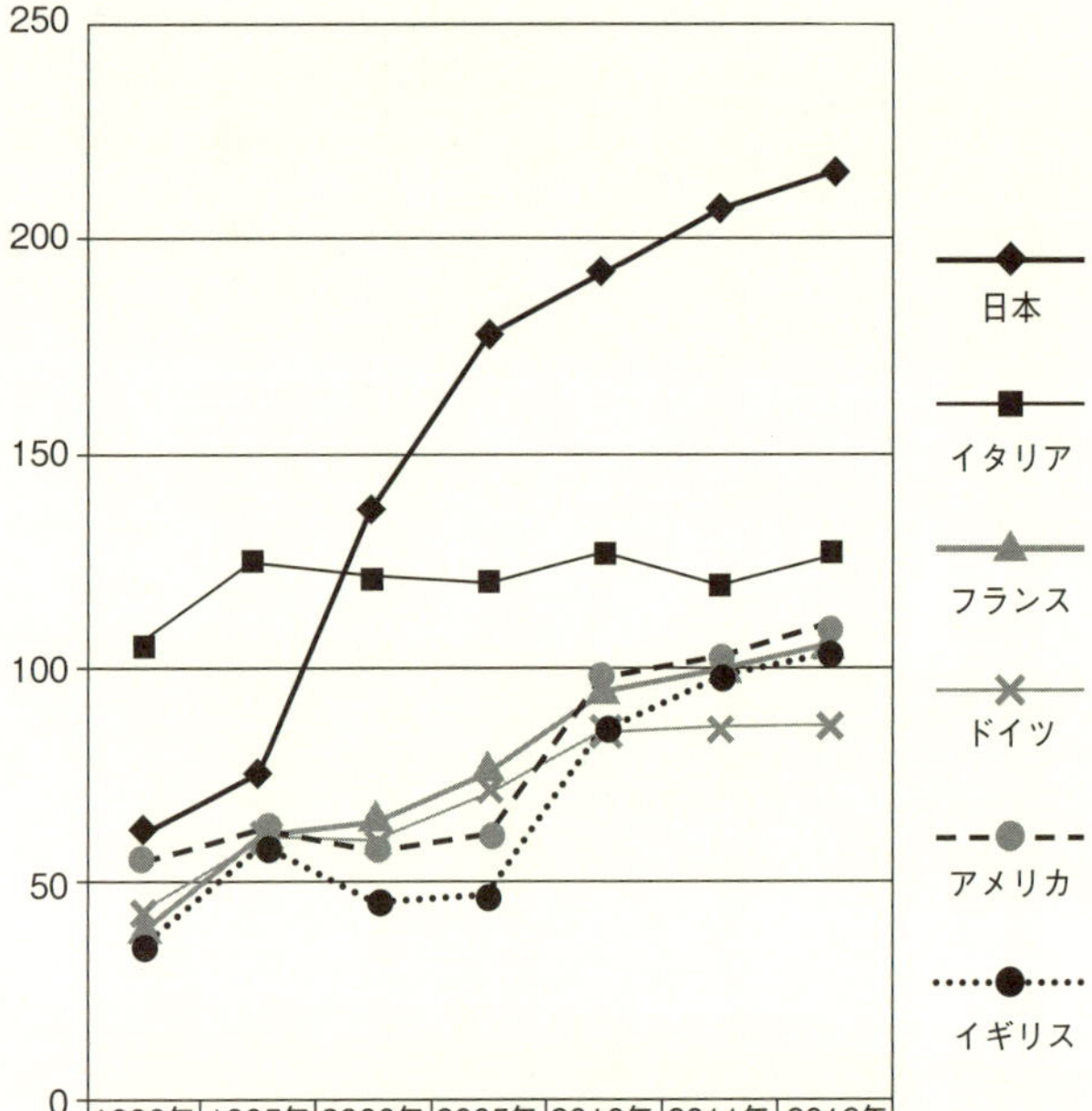

	1990年	1995年	2000年	2005年	2010年	2011年	2012年
日本	61.4	76	137.1	177.3	192.7	205.3	214.3
イタリア	105.4	125.2	121.6	120	126.7	119.8	127
フランス	40.2	60.1	65	76.1	95.5	100.0	105.1
ドイツ	43.2	60.5	59.9	71.1	86.3	86.4	87.6
アメリカ	55.3	62.2	58.1	62.2	97.8	102.2	109.8
イギリス	39.1	58.9	45.7	46.6	85.6	99.9	105.3

OECD Economic Outlook No.92 Annex Tables 32.2012，より作成。

○二％で一二位、フランス八六％で一八位、イギリス八二％で二一位、ドイツ八○％で二四位、などである。イタリアとアメリカの政府債務残高が自国の経済規模を上回っているが、それ以外の主要国はいずれも経済規模を下回っているなかで、日本の政府総債務残高だけが経済規模の二三〇％に達し、国民一人あたりほぼ一〇〇〇万円の政府債務を抱えている。

世界でトップの「政府債務大国」日本は、主要債務の償還である国債費（利払い費と償還費）だけでも、二〇一三年度で二二兆円に達し、一般会計歳出総額の二四％を占めた。予算の約四分の一は、過去に発行した国債の償還のために使われてしまい、義務的経費として優先配分されるので、社会保障関係費など国民生活に直結する他の財政支出を圧迫している。しかも、政府債務の代表的な国債銘柄の一〇年物長期国債の償還期間は六〇年間にわたるので、莫大な政府債務は、将来世代にも引き継がれ、さらに消費税の税率が段階的に引き上げられるなど、広く国民に転嫁され、負担を増大させている。

注

1　日本証券経済研究所編（一九八一）『新版現代証券事典』五六ページ。

2　カール・マルクス（一九七二）『資本論③』大月書店・国民文庫、四二七ページ。

3　「建設国債」「四条債」ともいう）は、財政法第四条を発行根拠にし、公共事業の財源調達目的で発行される国債である。「赤字国債」（「特例債」）は予算不足を補うために発行される国債であるが、財政法は、原則として国債の発行を禁じているので、その特例として、毎年度かぎりの特例措置で発行される。だが、近年では、赤字国債の発行高が建設国債を上回る深刻な事態が続いている。いずれの国債も、その償還は税金に依存する。

4　国債整理基金特別会計法第二条二項。たとえば一〇年物長期国債を六〇〇億円発行した場合、一〇年後に返済するのは六分の一の一〇〇億円であり、残りの五〇〇億円は、「借換債」という国債を発行して、借り換えるやり方が採用され、このやり方を繰り返して六〇年後に全額を現金で償還するしくみである。

5 格付（レーティング）とは、投資対象としての有価証券の安全性を評価し、最高位（AAA）の評価から元利金の回収見込みが危うい評価（C）、債務不履行の評価（D）などの指標を示すことである。この格付を行う会社はアメリカの民間会社（スタンダード&プアーズ（S&P）社、ムーディーズ社など）などであり、リーマン・ショック以後、その評価の信憑性自体が国際的に問題視され、公共の機関による格付を求める世論が起こっている。ちなみに、日本国債の格付は、S&P社によれば、二〇〇一年二月までは、最高位の「AAA」であったが、政府債務が累積するにつれて格下げされ、二〇一二年一二月現在、第四位の「AA－（ネガティブ）」となり、先進国の最低水準だけでなく、「AA－（安定的）」の韓国、台湾、中国よりも低い評価となっている。

6 財務省HP　http://www.mof.go.jp/faq/jgbs/04aa.htm

7 金融辞典編集委員会編（二〇〇二）『大月金融辞典』二〇一ページ。

8 『金融ビジネス』東洋経済新報社、一九八八年六月、三〇ページ。

9 同誌、三〇ページ。

10 財務省の「国債市場特別参加者制度運営基本要領」（平成二三年一月四日改訂版）によれば、国債市場特別参加者とは、「財務大臣が、国債市場（発行市場及び流通市場）において重要な役割を果たし、国債管理政策の策定及び遂行に協力する者であって、国債市場に関する特別な責任及び資格を有する者」である。わが国の国債管理政策には、これら世界の金融・証券市場を支配する二五社の巨大金融機関のニーズが反映されることになる。

11 金融辞典編集委員会編（二〇〇二）『大月金融辞典』三九五ページ。

12 久留間健・山口義行・小西一雄編（一九八七）『現代経済と金融の空洞化』二四ページ。

13 以上の展開について、詳しくは、山田博文（一九九〇）『国債管理の構造分析』「第五章国債累積下の諸問題と金融・証券市場」、および「国債大量償還とNTT株の発行」金融学会編『金融経済研究』創刊号、一九九一年七月、を参照されたい。

14 IMF, World Economic Outlook Databases Oct. 2012.

第Ⅱ章

現代資本主義と国債市場

1　はじめに

現代資本主義の特徴は、国家がさまざまな法律・資金・人的なネットワークを介して経済過程に介入し、生産・流通・消費・廃棄、さらには金融や労働といった全局面に関与した経済が営まれていることにある。国家介入は、その国の歴史や経済的社会的な条件を反映して多様な意味と効果をもつことになろうが、基本的には、現代の支配的な資本である金融資本の利益を促進するような内実をともなった介入が行われている、といえよう。

ここでは、現代資本主義経済のもとでの国債の累積に焦点を当て、金融・証券市場に対する国家介入の意味と効果を検討してみよう。

前述したように、現代日本の経済システムは、自国のGDPの二倍に達する一〇〇〇兆円近い国債残高を抱えこんでしまった。そのため、国債元利払い費用を調達するために新たな国債が増発される悪循環に陥り、財政危機が深化している。他方において、累積国債に抱えこまれた経済システムは、国債の発行・流通・保有・償還の全局面において、民間の金融機関・企業・投資家に対して、さまざまなビジネス・チャンスを提供している。累積国債がもたらすリスクすら、新しいビジネス・チャンスを誘発するやり方で処理され、政府保証の金融ビジネスの舞台が提供される。国家の供給する金融商品の国債をめぐって、金融ビジネスのフィールドが拡大され、銀行、証券会社、保険会社といった金融産業、さらには企業・団体などの投資家に、国債市場を通じた新しいビジネス・チャンスを提供してきた。

巨大マーケットに成長した国債市場に抱えこまれたわが国は、投機的な取引をともなった国債相場の乱高下に翻弄され、財政の資金繰りや金融・証券市場が不安定化し、累積国債のさまざまなリスクが国民諸階層に転嫁される。

2　金融に支配された現代資本主義

金融商品としての国債市場の出現は、金融機関・国債投資家の利益を促進する。財産的権利を表示する紙券である国債に投資した投資家は、政府に対して、元本と利子の請求権をもつだけではない。国債は、投資家の間で自由に売買でき、譲渡性・流動性をもつ証券にほかならない。したがって、「国債は単に確定利付き証券として保有されるだけでなく、自立的な公社債流通市場で売買され、証券市場を活性化させ、過剰資金に財テクのための格好の投機市場をつくりだす。財政危機を利用して国家の金融管理能力を高め、金融資本の利得の場をつくりだすという現代国家の機能が新たなかたちで発揮されている」[15]、ともいえる。

国家介入の代表的なパターンである国債発行と公共投資は、資本主義に内在的な景気変動に対応しつつ、金融機関や企業の利益を擁護し、安定化する役割を担っている。

国債の発行は、政府によって提供される格付の高い巨額の金融商品として、銀行をはじめとした金融機関の大口の資金運用市場として機能し、国債利子の獲得から売買差益にいたるさまざまな利益をもたらしてきた。もちろん、産業企業の場合も、内部留保金の一部は国債投資に向けられているので、政府から安定的な利子収入を獲得し、また格付の高い国債を保有することは、銀行などの金融機関から資金を借り入れるときの優良な担保資産として利用できた。

さらに国債発行を財源にして実施されてきた公共事業は、道路、橋、港湾、各種の公共建築物を建造することになるので、大手ゼネコンを頂点にした公共事業関連企業に対して、一般会計だけでも、年間ほぼ五兆円規模の大口の市場を提供してきた。不況がやってきても、公共事業予算から五兆円の規模で仕事が回ってくるので、セメント・鉄・ブルドーザー・ダンプカーなどの土木建設機械、電気機器などなど、広範囲にわたる公共事業関連企業の利益が保証される。国債の増発と大型公共事業は、政府によって提供された巨大政府市場として、相互に補い合って金融機関と産業企業の双方の利益拡大のために役立ってきた。

戦後日本の経済システムも、このような国家介入に強力に支持されてきた。民間金融機関と企業は、一九七〇年代初頭までの高度経済成長期には、公共事業をはじめとした重化学工業向けの財政支出に支持され、公共事業関連分野を中心に利益を実現してきた。

一九七〇年代後半以降の低成長期には、赤字国債の増発など、国債の発行・引受・売買・保有といった政府証券市場の急激な膨張と国債管理政策に支持され、金融・証券市場を舞台にして利益を実現してきた。一九八〇年代後半におけるバブル経済期には、株式市場だけでなく、国債市場もバブル化し、短期回転売買が繰り返され、投機的利益が追求された。一九九〇年代以降、対外的には、アメリカ主導の経済のグローバル化や情報通信技術の金融取引への適用が進展し、投機マネーの国境を越えた自由な活動が展開されるようになった。わが国の金融ビッグバン改革は、そのようなアメリカ主導の経済のグローバル化を受け入れ、従来の金融システムを根本的に改革した。

預金の受入と貸出を主要な業務としてきた金融システムから、経済の金融化、金融の証券化が進展し、さまざまな証券化関連金融商品も供給され、各種証券の発行、売出、売買、企業のM&Aの仲介や資産管理による手数料収入など、証券ビジネスを主とする金融システム改革が進んだ。累積する国債は、国家によって供給される金融商品として、不況のなかで安全な投資先を見失っていた過剰なマネーに大口の投資の舞台を提供してきた。とくに銀行にとっては、ゼロ金利・量的金融緩和政策によって日銀から潤沢に供給される資金を安全・有利に運用し、不良債権の拡大を避けつつ、着実に収益を積み重ねていくうえで、ローリスクの国債は、格好の投資物件となった。

金利・償還期限・発行方式など、多種多様に商品設計されたさまざまな国債が大量に発行されてきたのは、実体経済の低成長下にあって、ローリスクで流動性の高い安全・有利な金融商品を求める資本のニーズを反映していた。「公債発行は国家の財源調達という面だけでなく、明らかに金融資本の致富の源泉であったことを見落としてはならない[16]」、との理解は重要である。

というのも、現代資本主義経済では、「金融資本のもっとも現代的形態は、産業独占との融合・癒着によってよりも、グローバルな外国為替・金融・証券市場の価格変動をめぐる投機をつうじて短期・最大限の利潤をあげることをめざしている[17]」といえるからであり、アメリカやわが国で大量に発行され、それぞれの国において累積し、頻繁に売買される国債市場は、このような現代的な金融資本の運動に、格好の利殖と投機の舞台を提供している。

租税を担保に発行される国債は、民間の債券と比較して、格付も高く、また発行ロット（単位）も大きく、デフォルト・リスク（債務不履行の危険）の少ない均一の金融商品にほかならない。そのため、国債は、情報通信革命の進展するなかで、電子的に処理されるさまざまな金融取引に適合し、グローバルに展開される大口の取引には、格好のターゲットになる。

グローバル化した今日の金融ビジネスにとって、大量に発行され、累積し、巨大市場に成長してきた国債市場は、国境を越え、利益を求めて、コンピュータのネットワークをリアルタイムで移動する内外の巨額のマネーの運用にとって、もっとも適合的な市場である。

主要先進国の国債は、世界各国の主要な市場で取引される。各国の市場の取引時間は、地球の自転にあわせて、東京市場→インド市場→英・仏・独などのユーロ圏の市場→ニューヨーク市場の順で実施されている。どこかの国は昼になり、そこでは市場がオープンし、国債の売買などさまざまな金融取引が、コンピュータのネットワークを利用して実行される。さらに次の市場がオープンになると、そこで継続して取引され、二四時間休むことがない。各国国債のわずかの価格変動を利用して、アメリカの大手金融機関やヘッジファンド、各国を代表する金融機関が世界中のマネーを運用し、天文学的な規模の売買が瞬時に実施され、予測が的中した場合、数百億円単位の利益を手中にする。

これは、資本主義経済の現代的な変容を意味している。その変容とは、実体経済とは相対的に自立し、独自の運動を展開するマネーや金融ビジネスなどの金融経済が経済社会に対して支配的な影響力をもち、むしろ実体経済のあり方も金融経済によって振り回され、不安定化してきたことである。こうした事態は、さしあたって経済の金融化[18]、あるいは「金融に支配された資本主義[19]」、と特徴づけることができよう。

その特徴は、実体経済の規模（世界のGDPの合計額）を何倍も上回る金融経済の規模（世界の金融資産の合計額）に示される。二〇一〇年現在で比較すると、世界のGDPの合計額は、ほぼ六二兆ドルであったが、世界の金融資産の合計額は、ほぼ二一二兆ドルである。金融経済の規模は、実体経済の規模の三・四倍に達している。世界の金融資産の規模は、二〇〇八年のリーマン・ショックからわずか二年しかたっていないのに、マッキンゼー・グローバル研究所によれば、過去の最大値を記録した二〇〇七年を上回り、二〇一〇年には対前年比で五%も増大し、二一二兆ドルに達していた[20]。

経済の金融化に関するこうした特徴は、コンピュータのグローバル・ネットワーク上で展開される外国為替の取引高に象徴的に表れている。財の輸出入は、貿易高に示されるが、これとは無関係に財の裏付けのないマネーそのものが利殖先を求めてグローバルに運用され、各国の金融商品が売買されている。世界の貿易高は、二〇一〇年現在、ほぼ二三兆ドルだが、外国為替の取引高は、ほぼ一八四五兆ドルに達し、貿易高の八〇倍、世界のGDP合計額の三〇倍にも及んでいる。各国の国民生活や国民経済に関係した財の輸出入額の八〇倍、世界の実体経済の三〇倍のマネーのグローバルな運用が行われている。これは、現代資本主義経済の著しい特徴である。

この天文学的な金額のマネーの運用は、各国の金融商品のわずかの価格差、金利差を狙った投機的な運用であり、マネーの流入した各国の市場ではバブル経済を膨張させ、逆に流出するとバブルの崩壊をもたらし、経済社会を不安定化させる。このようなハイリスク・ハイリターン型の金融ビジネスが支配的な傾向になっている現代資本主義は、カジノ型金融資本主義と呼ばれてきた。

3　国債はだれがもっているか

カジノ型金融資本主義にとって、利殖を求める天文学的な金額のマネーの運用先が不可欠であり、この点で各国政府の発行する国債は、他の各種の金融商品と比較しても、発行ロットが巨額であり、また投資物件としても格付が高く、巨額のマネーの運用先としてもっとも適合的である。国債投資は、保有することで利子を受け取る投資パターンと価格変動を利用して売買差益を狙うパターン（次節で検討）の二つに区分されるが、まず、国債を保有し、政府から利子を受け取る投資パターンを検討しよう。

わが国の国債発行残高（二〇一二年一二月末現在）は、ＧＤＰの二倍に当たるほぼ九四三兆五一八七億円に達している。国債発行残高の償還期限で見ると、長期国債の多いＥＵ諸国と比較して、政府短期証券、短・中期国債の割合が高い。これは、発行当局にすれば、利払い費用を低く抑えることができる一方、財政資金の調達にあたり金利変動の影響を受けやすくなる。

日本と欧米の国債保有構造（図2-1）を比較すると、そこには一定の違いがある。①欧米各国の国債保有は、三〇—四〇％が海外投資家によって保有されていることである。たしかに、海外投資家によって国債を保有されることは、国境を越えたマネーの流出入に影響を受けやすい構造になっている。

ただ、アメリカ国債の三一％を保有する海外の保有者（外国政府と投資家）の内訳をみると、日本政府によるアメリカ国債の保有額が中国に次いで高い。日本政府の高い保有割合は、日本の外貨準備高一兆二五八八億ドル（二〇一三年二月末現在）の九三％にあたる一兆一六九四億ドルのほとんどがアメリカ国債で保有されているからである。[21] 日本円に換算すると、ほぼ一〇〇兆円という大金が、アメリカ政府の発行する国債に投資され、アメリカ財政の赤字をまかなっているのである。外貨準備高の九三％を特定国の国債で保有する国はなく、円高＝ドル安の為替相場の変動

図２－１　主要国の国債保有構造

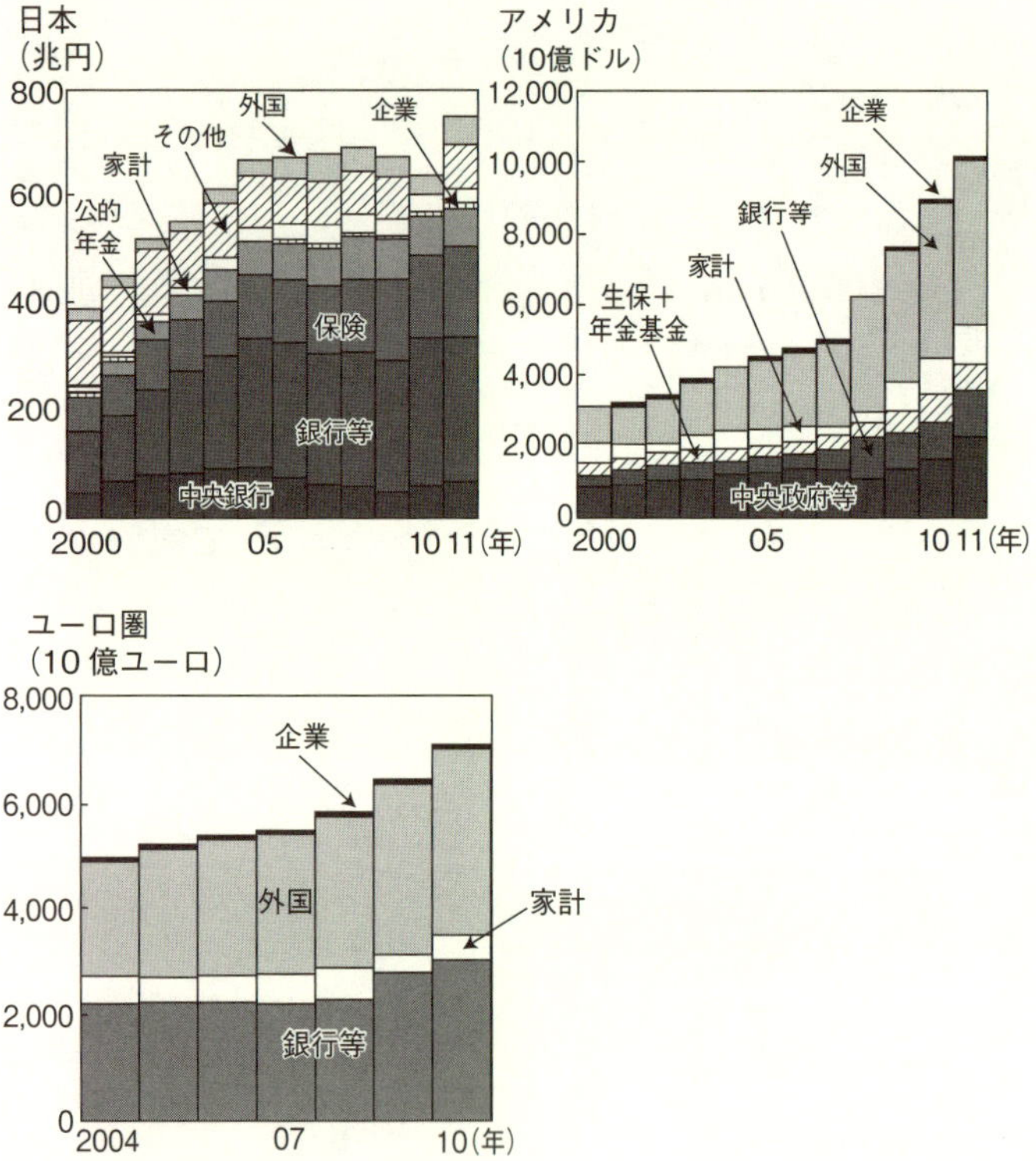

(注) 1. 日本銀行「資金循環統計」, FRB“Flow of Funds Accounts”, Eurostat“Government finance statistics” により作成。
2. ユーロ圏は, ドイツ, フランス, イタリア, スペイン, ポルトガル, ベルギー, オーストリア, ポーランドの一般政府債務合計。

内閣府『平成24年度　年次経済財政報告(説明資料)』2012年7月, 265ページより作成。

は、日本の外貨準備高を直撃する。たとえば、一％の円高＝ドル安になると、ほぼ一兆円の為替差損が発生する。アメリカよりもはるかに深刻な財政赤字国のわが国が、政府の公的資金によってアメリカの財政赤字をファイナンスしている事態は抜本的に見直す必要がある。

②日本国債の場合、海外投資家の保有比率は九・一％（ほぼ八六兆円）にすぎず、ほとんどが国内の貯蓄によって保有されている。最大の保有者は、ゆうちょ銀行、民間銀行などの預金取扱金融機関（四二・四％、ほぼ四〇二兆円）である。預金取扱金融機関、つまり銀行の対総資産に対する国債保有割合について、欧米と比較すると、「ユーロ圏の銀行全体では、公債の対総資産比率は五～六％といった水準にある。……邦銀の総資産に対する国債の比率は急上昇し……二〇一〇年には一九・四％まで上昇した。邦銀の国債保有は極めて高い水準と言わざるを得ない[22]」といえる。しかも、銀行の保有する国債は国庫短期証券の割合が高く、金利変動を敏感に反映する保有構成になっている。

海外投資家の保有比率の高い欧米と比較してわが国の政府債務は邦銀の比率が高い。邦銀の運用資金は国内の貯蓄である。その特徴について、以下の指摘がある。すなわち、「主権債務の財源が、国内の貯蓄でまかなわれている比率が高ければ高いほど、資金調達は安定する。というのは、債務コストを大幅に変化させる為替の問題が発生しないからである。また、窮地に陥った場合は、債務償還のために必要な資金を中央銀行が政府に融資すること（ゼロ金利・量的金融緩和政策――引用者）や、貸し手の側からすると、国内債務を税金に変えてしまうこと（消費税の税率アップ—引用者）も可能であるからだ。これは、対GDP比二〇〇％を超える公的債務を抱える日本のケースである。日本が大きな懸念もなく公的債務の資金調達ができるのは、日本人が貯め込んだ資産、日本人世帯の高い貯蓄率、そして日本のゼロ金利のおかげである」[23]。

だが、国内貯蓄で政府債務のほとんどを保有することは、債務危機のリスクが家計部門に転嫁されることを意味している。また海外投資家の保有比率が低いからといって安心できない。というのも、アメリカのウォール街のヘッジファンドや欧米の金融機関などの大口投資家は、価格下落の可能性の高い「政府債務大国」日本の国債を空売り（国債を借りてきて、下落前の高い価格で売却し、価格の下落を誘発しておき、その後、実際に国債価格が下落したら、安い価格で買い戻し、その差額分を利益として受け取る取引）するなどの手段によって、国債価格の暴落を誘発し、この暴落に乗じて巨万の利益を引き出そうとしているからである。

国内の銀行の国債保有割合が上昇した背景は、大別して二つある。

第一は、銀行が不良債権化するリスクを回避して、企業への貸出を渋り、預貸金利鞘（預金者に支払う利子と貸出先から受け取る利子との差額の利益）が縮小するなかで、政府から安定して利子所得を受け取れる国債への運用を活発化させたからである。国内銀行の中小企業向け融資は、一九九三年の三三〇兆円から二〇一一年には一七二兆円、とほぼ半減している[24]。その結果、金融ニーズの高い国内の中小企業の資金繰りは悪化し、経営危機が深刻化し、地域経済を中心とした景気の低迷を長期化させている。

第二は、海外要因であり、ＢＩＳ（国際決済銀行）の自己資本比率規制が、バーゼルⅡ（自己資本比率の国際ルール）の八％（Tier1）からさらに厳しさを増すなかで、株式や貸出はリスク資産にカウントされるが、国債の場合はリスクフリーであるため、自己資本比率の低下を抑制しながら利益を確保できるために、国債への運用を活発化させたからである。

ただ、日銀によれば、国債価格が下落した場合に発生する損失額は、「二〇一一年一二月末時点で、大手銀行で三・四兆円、地域銀行で三・〇兆円となっている」[25]と指摘する。

このようなリスクがありながらも、日本の預金取扱金融機関・保険会社・その他金融会社・年金基金は、国債発行残高の七一・七％（六八〇兆三八七八億円―図2-2）を保有し、毎年、政府から国債の利子所得と償還金などを受け取っているが、この国債費はほぼ二二兆円に達するので、その七一・七％にあたる一五兆七〇〇〇億円を受け取っていることになる。それは、実体経済を担う企業が公共事業予算に依存し、一定の利益を実現していることに通底し、金融ビジネスも政府に依存するようになった、といってよい。そのうえ、金融ビジネスの場合、国債を保有することで得られる政府からの利子所得だけでなく、むしろ後に検討する国債売買差益が利益の有力な源泉になっている。

③日本銀行の国債保有割合は、一一・一％（ほぼ一〇五兆円）に達している。超金融緩和政策を継続し、国債の買いオペ（民間銀行の保有する国債を日銀が買い取ること）を繰り返し、最近では年四三兆円のペースで長期国債を買いつづけてきた結果として、日銀の国債保有は激増してきた。日

図２－２　国債及び国庫短期証券（T-Bill）の所有者別内訳
（平成 24 年 9 月末速報）

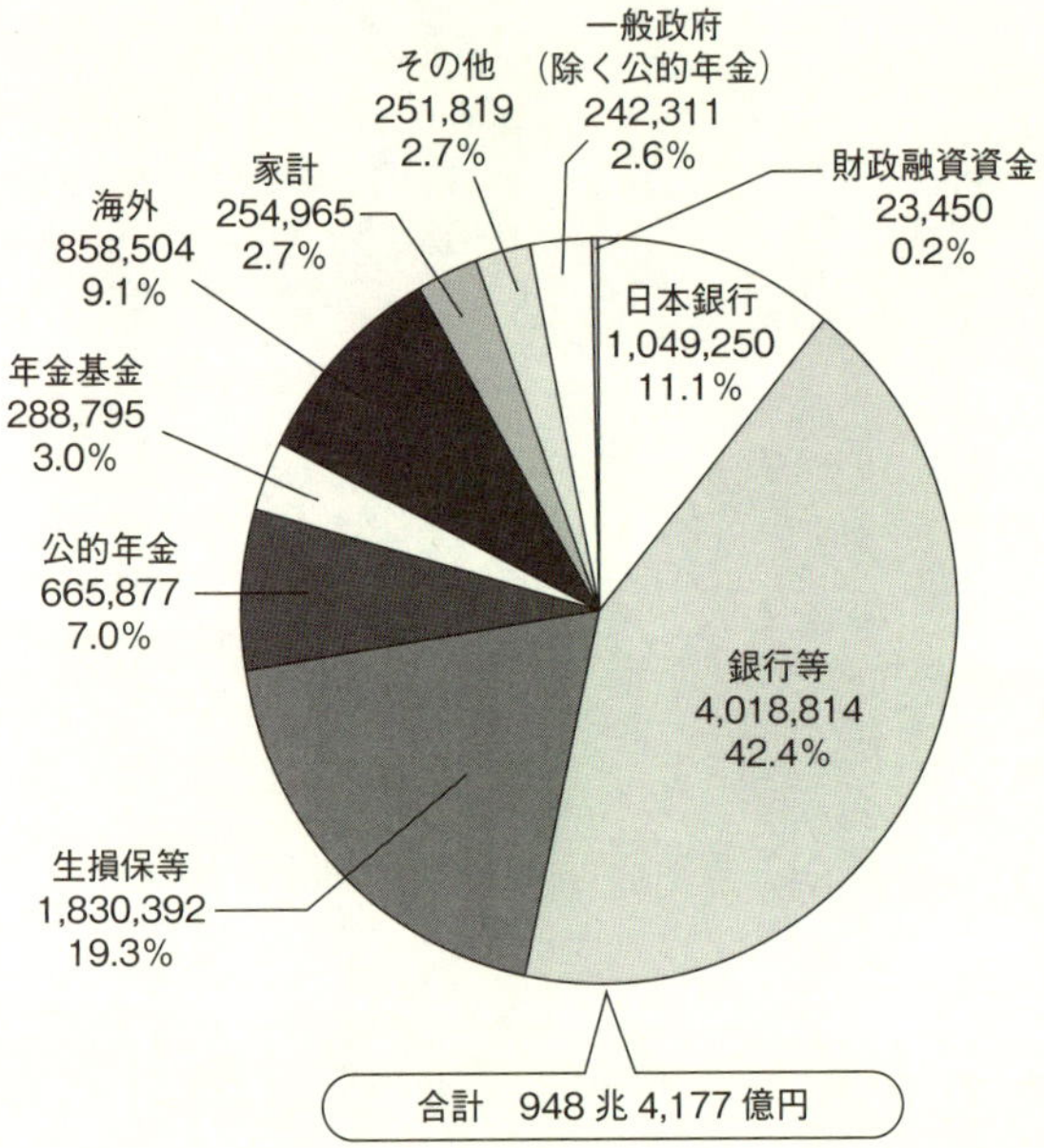

（注 1）「国債」は財投債を含む。
（注 2）「銀行等」にはゆうちょ銀行,「証券投資信託」及び「証券会社」を含む。
（注 3）「生損保等」はかんぽ生命を含む。
財務省 HP『平成 25 年度国債管理政策の概要』8 ページより作成。

銀の長期国債保有については、国の財政規律が失われることのないように、日銀券の発行残高の範囲内（八三兆円）とする銀行券ルールが設けられているので、すでに日銀券発行残高を二二兆円程度上回っている。さらに、日本銀行は二〇一三年四月四日の金融政策決定会合において、この「銀行券ルール」を解除し、国債の購入量の制限をはずしてしまった。

これは、日銀が「デフレ解消」の責任を政府から強要され、超金融緩和政策を継続した結果であり、過大な日銀信用に依存しながら国債が発行されていることを意味する。政府の圧力の前に中央銀行の独立性が脅かされ、また財政規律も崩壊しつつある、といってよい。

4　増大する国債売買と銀行の国債投機

国内最大の銀行・三菱ＵＦＪ（ＭＵＦＪ）では、二〇一二年三月期決算の業務純益は一兆一七一〇億円に達したが、そのうち二六五一億円（業務純益の二二・六％）が国債売買差益であった（表2-1）。ＭＵＦＪの永易克典社長は、決算発表の記者会見の場で、「国債に頼った決算だったことは間違いない[26]」と述べ、国債市場に依存し利益を実現した決算であったことを告白している。

三メガバンク（三菱ＵＦＪ、三井住友、みずほ）の業務純益（合計二兆七二二一億円）の内訳に共通する特徴は、以下のとおりである。すなわち、①財・サービスなど、実体経済の成長に関連する国内企業への貸付金は、約一〇〇〇億円以上減額され、預貸金利鞘はむしろ縮小していること、

表2－1　3メガバンクの2012年3月期決算

	業務利益	純利益	国債などの売却益	不良債権の処理費用
三菱UFJ	1兆1,710億円（1.2％増）	9,813億円（68.3％増）	2,651億円（25.2％増）	1,345億円（396億円減）
三井住友	8,130億円（2.3％減）	5,185億円（9.0％増）	1,525億円（3.7％増）	586億円（356億円減）
みずほ	7,281億円（1.9％減）	4,845億円（17.2％増）	1,551億円（10.3％増）	－247億円（利益が87億円増）

（　）内は前期比。業務純益は本業のもうけ。純利益は連結、それ以外の項目は傘下主力銀行の合計額。不良債権処理費用のマイナスは、過去に損失を見込んで引当金を積んだものの、実際の損失額がそれよりも小さく、利益として戻ってきた額。
『朝日新聞』2012年5月16日より作成。

②他方で、銀行の債券ディーラーによる超短期の国債売買から発生する国債売買差益が銀行の本業の利鞘益の低下を上回るほど増大したことであり、国債売買差益の三メガバンクの合計は五七二七億円に達し、業務純益の二一・一％を占める。

このような銀行決算の特徴が示しているのは、政府の発行する国債が近年の銀行の利益の主要な源泉になっていることである。先行き不透明な低成長経済下で、より有利で安全な利益を求める金融機関は、民間企業の発行する相対的にリスクの高い株式や各種の金融商品よりも、発行主体が政府などの公的団体である格付の高い国債などの公社債市場への参入を活発化させている。それは、天文学的な規模に達する国債の売買高（売付と買付の合計額）に表れている。

金融の自由化・規制緩和政策の一環として、従来の証券会社に加えて、銀行も国債の売買取引へ参入することが認可されたのは、一九八四年六月であった。以後、国債売買高（東京店頭市場）は、急拡大してきた。一九八四年度の国債売買高は、七五〇兆円であったが、翌年度には二五〇〇兆円に達した。銀行の新規参入によって国債売買高は飛躍的に拡大したことになる。それは、預金取扱金融機関である銀行の豊富な資金力が、個人や企業から資金運用を依頼される証券会社の資金力をはるかに上回っているからでもある。

すでに銀行による国債ディーリング取引は、その認可当時から投機的な取引としての性格をもっていた。この点について、国債ディーリングについての特集を組んだ当時の『金融財政事情』誌は、「これまでのところ、少なくともバンクディーリング開始によって期待された市場の厚み、それによる安定効果のメリットより、投機的取引の増大傾向が顕著だ[27]」と指摘していた。

国債の売買取引は、銀行が参入する以前は、証券会社によって行われていた。だが、銀行の国債ディーリングは、このような従来型の市場参加者の利害関係を覆し、銀行は、国債売買市場において、一挙にトップになった。それはなぜなのか、この点について一定の回答を与えているのは、次のようなR・ヒルファディングの古典的な指摘である。

すなわち、「投機はバクチの性格をもつ。だが、このバクチはその道の玄人たちには、きっとあたるバクチとなる。……このばあいより大きな資本の処理権はただちに市場での優越性をうみだす。それは市場の方向そのものが、この資本の用い方によってきめられるからである。……証券の卸売り商人たる銀行は、この事情を利用して投機を一定の方向にかりたてることができる。銀行は多数の顧客にたいし一定の有価証券を売買するよう目くばせし、これによって銀行は需給関係を予知のごとく推移させるのを、つねとする。このことは、投機の方向の予知がいつでもそうであるように、銀行に利得をもたらす」[28]。

一九九〇年に入っての株式バブルの崩壊で、株式市場が急速に冷え込んでいくなかでも、国債市場は、基本的には活況をつづけ、先物売買高を除いても、二〇〇七年度ではとうとう一京二三二三兆円、二〇〇八年度では、一京三六〇兆円と、両年度ともに一京円を超えた売買が行われている。二〇〇八年のリーマン・ショック後には、一時的に売買高が二割ほど落ち込んだが、それ以降も、二〇一二年度にいたって売買高は回復し、八四一七兆円を記録している。

こうして国債市場は、バブル経済の崩壊後、金融・証券市場がフリーズ状態になるなかにあっても、金融機関・投資家に巨額の売買差益を提供しつづけてきた。

それは、国債の投資家別売買高の動向（二〇一二年六月分）によっても確認できる。二〇〇四年度から国債の投資家別売買高動向のデータ（このデータには、国債の現先売買高や先物取引高は含まれていない）が公表されるようになったので、直近の二〇一二年六月分を取りあげ、特徴を指摘しておこう。

国債の一カ月あたりの売買高（売付と買付の合計）は、二八八兆八〇〇〇億円であるが、この売買高の四七・五％は、「債券ディーラー」の売買高によって占められている。金融機関、とりわけ銀行の債券ディーラーは、潤沢な資金をもつ最大の国債投資家であり、一日のうちに何十回となく売買を繰り返す超短期の回転売買によって、国債の売買差益を追求する。その結果、国債の

図２－３　世界の10年物国債利回りの推移

財務省（2012）『債務管理レポート2012』101ページより作成。

投資家別売買高動向を左右させるような影響力を行使しつつ、先の三メガバンクの例のように、銀行の業務純益の二一％ほどを稼ぎ出している。現代日本の国債売買市場は、銀行による国債投機の市場になっている、といってよい。

日本国債市場が投機市場化しているのは、日銀の超金融緩和政策による強力な国債価格支持政策[29]に加えて、リーマン・ショック以後のEU諸国の政府債務危機などの海外要因も作用している。ヨーロッパ諸国の国債に投資していたマネーが、ソブリン・リスク（国家に対する信用不安）を回避するために、相対的に安全と見なされている日本・ドイツ・アメリカの国債に逃避し、これらの国の国債流通市場における国債価格が暴騰（流通利回りは暴落＊87ページ参照）した。とくに日本国債の流通利回り（図２－３）は、一〇年物の国債で一％を割り込み、国債バブルを促進している。

国債利回りに示される長期金利の水準が一％を下回るような事態は、歴史的にも例がなく、これまでの最低水準は、一六一九年にイタリアで記録された一・一二五％が史上最低であった[30]。日本の国債利回りがはじめて一％を割り込んだのは、一九九八年一〇月であり、〇・八四％（国債価格は一〇四円）を記録した。その後、国債利回りがたびたび一％を割り込む史上最低水準を更新しつづけているわが国は、歴史的にも未体験ゾーンの国債バブル市場を抱えつづけていることを意味する。

国債バブルを利用して国債の売買差益を追求してきた大口の国債投資家である金融機関にとって、いかにしたらこのような国債バブルを継続できるのか、それが最大の関心事となる。

たとえば、こうである。「今後五年間に増税できないならば、国債の金利は上昇を免れないだろう」、「消費税率を今後五年間で五％ずつ二回に分けて引き上げ、一五％にすべきだ[31]」。このように主張するのは、世界の巨大金融機関の一つであるクレディ・スイス証券会長の松島忠之氏（元日銀理事）である。この指摘は、現代のグローバル経済とカジノ型金融資本主義を主導する巨大金融機関の利害を正直に吐露している。

日本国債をマネーゲームのターゲットにしてきた巨大金融機関にとって、国債価格の下落は、保有資産価値の縮小と損失の拡大をもたらす。たとえば、ギリシア国債を大量に保有するユーロ圏の主要銀行は、ギリシア国債の暴落によって損失を抱えこみ、その損失を穴埋めするために、二〇一一年一〇月末現在、総額一〇六四億ユーロ（約一一兆三〇〇〇億円）の資本増強を迫られている。[32]

このようなソブリン・リスクを回避するために、わが国では、消費税を一五％に引き上げ、財政赤字を削減し、財政面から国債の信認を強力に支えてほしい、と金融機関・国債投資家サイドは主張する。そうすれば、国債バブル市場におけるマネーゲームが継続でき、日本国債を利用した金融ビジネスは引き続き大きな利益をもたらすからである。つまり、消費税の引き上げという日本国民の負担増によって、巨大金融機関の国債市場からの利益を確保しつづけようということである。これが、市場サイドからの消費税引き上げ圧力の背景にほかならない。

5　政府債務危機とリスク転嫁

ギリシア、イタリア、スペインなど南欧諸国の政府債務危機が世界中のメディアを賑わしたが、政府の「債務危機とは銀行の危機」である、との指摘は注目されよう。

すなわち、「本来、ギリシアの危機は、政府の債務危機ではなく、〝銀行の危機〟であった。長年の新自由主義政策によって、金融の規制緩和が進んだ結果、巨大銀行や巨大証券会社は、『デリバティブ（金融派生商品）』や『毒入り債権（サブプライム融資）』などに手を付け、失敗した。なかでもヨーロッパの銀行が最も多くの毒入り債権を抱えこんだ。ユーロ圏はパニックに陥り、緊急に首脳会議を開催した。そこで、一連の『銀行救済融資（BAIL-OUT）』を実施することになった。こうして、私的な銀行の債務危機が『公的な債務危機』と変じたのであった」[33]。こうした指摘の説得性は、一九九〇年代のわが国のバブル崩壊後の銀行の不良債権対策で示された公的資金の投入によっても、実証される。

金融ビジネスを優先し、経済の金融化を促進する現代資本主義経済の矛盾は、各国の財政危機となって表面化し、市場関係者や投資家にとってのデフォルト・リスクとなって直撃する。ここでは、さしあたって、財政危機は赤字が再生産される国庫の資金繰りの危機、政府債務危機（ソブリン・クライシス）は、財政破綻の危機、と特徴づけておこう。

近年の政府債務の危機は、経済の金融化と金融部門の肥大化↓バブル経済の膨張と崩壊↓銀行部門への不良債権の累積と損失の拡大↓銀行破綻にともなう決済リスクと金融システム不安の表面化↓銀行部門への公的資金の投入↓財政資金調達のための国債の増発と財政赤字の深刻化↓ソブリン・リスクの拡大と政府債務危機の顕在化、といったプロセスをたどっている。

公的資金の投入は、民間投資家・銀行などの金融業の債務を政府債務に置きかえ、最終的には国民負担に置きかえることを意味する。財・サービスの生産・消費といった実体経済よりも、マネーや金融商品を売買して効率的に利益を追求する現代資本主義経済は、バブル経済の膨張と崩壊を繰り返してきた。

バブルの膨張の背後には、金融緩和政策にサポートされた銀行部門からの過大なマネーの供給があった。一定の限度を超えたバブルは、何らかのきっかけで崩壊し、そのたびに、バブルマネーを供給した銀行部門の不良債権と損失が拡大し、金融システム不安が表面化した。わが国では、一九九〇年のバブル崩壊にともなって銀行部門が抱えこみ、処理してきた不良債権処理損失額は、二〇一二年三月現在、ほぼ一〇五兆円に達した。政府は、民間銀行の資本を増強するために、優先株・普通株・劣後債などを公的資金によって買い取り、また預金者保護などのために、総額でほぼ四八兆円の公的資金を投入することになった。[34]

このうち、一九九〇年代後半以降、累計一二兆三八〇九億円の公的資金が民間銀行の資本増強のために投入されたが、この公的資金は、預金保険機構が財政資金を裏付けに調達した資金であるため、注入行が経営破綻した場合には、そのリスクは国民に転嫁され、国民の負担となる。二〇一一年度には、注入行からの公的資金の返済はまったくなく、未回収金は一兆五九七四億円に達し、銀行に注入された公的資金の一二・九%を占めている。[35]

他方で、ヨーロッパの政府債務危機[36]の発端になったギリシアの政府債務については、ギリシア政府とギリシア国債の保有者である民間銀行などの投資家との交渉によって、元本の五三%にあたる債務を不履行（デフォルト）とすることで合意した。これによって、ギリシア政府は、政府債務の五三%の償還を免れ、民間銀行などの大手投資家はその分損失を引き受けたことになる。

歴史的に見れば、過剰な政府債務の不履行は頻発していた。たとえば、「過剰債務の解決策としては、昔から最悪の処方箋である『デフォルト（債務不履行）』が通例であった。一八〇〇年から二〇〇九年にかけて、対外債務に対するデフォルトが二五〇回、公的債務に対するデフォルトが六八回も発生している。……したがって、西側諸国全体が破綻するというシナリオは、決して夢物語ではない[37]」。

ギリシアの債務危機において、銀行などの大手投資家に債権放棄を迫り、合意させた点は、今後のわが国にとって先行事例の教訓を与えているといえよう。

各種の金融商品の投資に失敗し、経営危機に陥った銀行に自己責任を迫り、相応の社会的な責任をとらせるか、それとも、民間銀行の危機を政府債務の危機に転嫁し、国民に負担を転嫁するのか、といった問題が問いかけられている。リーマン・ショック以後、大手金融機関は、世論の批判の前に一定の規制を受け入れているが、だからといって「飼い慣らされているのではなく[38]」、むしろ復活しつつある。その後の収益動向から見ても、「カジノ型金融資本主義」の影が払拭されたとはいいがたい。

6 まとめ

現代資本主義経済の特徴は、財・サービスの生産と消費を意味する実体経済に対して、利益追求を自己目的化したハイリスク・ハイリターン型の金融ビジネスが大きな影響力をもってしまったことにある。

各国政府の発行する国債は、このような金融ビジネスにとって適合的な投資物件となった。国債投資に巨額のマネーを振り向ける銀行などの金融機関や大口投資家は、政府保証の手堅い金融ビジネスを展開し、利子所得や売買差益を実現している。

だが、深刻化する財政赤字と累積する政府債務は、金融機関や国債の大口投資家にとって、国債価格の暴落と金利上昇によって巨額の損失と経営危機をもたらしかねず、場合によっては債務不履行のリスクに逢着する。そこで、各国の財政金融当局は、政府の債権者となった金融機関の経営危機を回避するために公的資金によって資本を増強する一方、各国中央銀行は、超金融緩和政策によって国債価格を支持し、また各国政府は、消費税などの増税によって歳入増をはかり、国債の償還財源を充実させ、国債担保を強化するなどの財政金融政策を発動する。

こうした政策は、本来、旺盛な国債ビジネスを展開してきた金融機関と大口投資家の抱えこんだ危機を、政府の債務危機に転嫁し、主権者である国民の負担によって解消しようとする政策にほかならない。

財政破綻の先行事例として、ギリシアと夕張市の事態を紹介しよう。ギリシアでは、各種の国民向けの公的サービスが真っ先に切られ、財政再建のための大増税が行われた。

まず年金の支給開始年齢が一〇歳先延ばしされた。従来は、五〇代半ばで現役時代の給与の約八割が年金として支払われたが、今後は六〇代半ばまで延期され、しかも支給額が大幅に減額される。ギリシアの中高年の人生設計は暗転する。公務員の給与も二〇一四年まで凍結され、ボーナスは廃止される。公共投資や補助金も削減される。その結果、二二三億ユーロの歳出削減が行われた。

他方、財政再建のための増税が行われ、日本では消費税にあたる付加価値税（VAT）は、一九％から二三％まで四％も引き上げられる。加えて、燃料税、酒税、タバコ税なども引き上げられる。企業への特別課税も実施する。これにより、七七億ユーロの歳入増を実現する。こうした財政再建策[39]によって、二〇一〇年から一四年までの五年間で、三〇〇億ユーロの財政改善をめざす。

財政の破綻と再建が国民生活に与える影響については、むしろ、わが国の夕張市の事例がより身近で具体的である。

夕張市のホームページ「財政再建の基本的枠組み案について」（二〇〇六年一一月一四日）によれば、三六〇億円の赤字の解消のために、四年間で、以下のような措置が採用された。

職員数を半減させ、給与も六〇％から三〇％を削減し、年収はほぼ四〇％減とする。市民税・公共施設・下水道使用料が大幅に引き上げられる。他方で、小中学校が統廃合され、各種の教育施設、集会施設、体育施設が廃止され、また子育て支援、ホームヘルパー派遣事業、高齢者敬老パス、消費生活安定対策費、交通安全対策費などが廃止される。

注

15 芦田亘（一九八九）「現代国家と経済政策」『現代資本主義』九三ページ。
16 宮本憲一（一九八一）『現代資本主義と国家』一二六ページ。
17 鶴田満彦（二〇〇五）「グローバル資本主義」『現代経済システム論』六八ページ。
18 高田太久吉（二〇〇九）『金融恐慌を読み解く』一二七―一二九ページを参照されたい。
19 Hein, Eckhard (2012) Finance-dominated capitalism, pp. 34-5
20 "Global financial assets", The Economist, Jul. 30, 2011 from print edition
21 財務省ＨＰ「外貨準備等の状況（平成二五年二月末現在）」 http://www.mof.go.jp/international_policy/reference/official_reserve_assets/2502.htm
22 代田純（二〇一二）『ユーロと国債デフォルト危機』一七―一八ページ。
23 ジャック・アタリ（二〇一一）『国家債務危機』一七〇ページ。
24 『日本経済新聞』二〇一二年六月二〇日。
25 日本銀行（二〇一二）『金融システムレポート二〇一二年四月号』五一ページ。
26 『朝日新聞』二〇一二年五月一六日。
27 『金融財政事情』一九八六年四月一四日、三〇ページ。
28 ルドルフ・ヒルファデング（一九六四）『金融資本論（上）』大月書店・国民文庫、二六八ページ。
29 非伝統的な金融政策の量的金融緩和政策は、日銀による大量国債の買いオペによるので、銀行部門に供給される買いオペ代金がそのまま国債の購入に回されると、これは日銀信用に依存した国債消化を意味し、日銀は国債価格支持をしているに等しい。詳しくは山田博文（二〇〇五）『これならわかる金融経済（第二版）』一四八―一五二ページを参照されたい。
30 真壁昭夫・玉木伸介・平山賢一（二〇〇五）『国債と金利をめぐる三〇〇年史』一一ページ。

31 『週刊東洋経済』二〇一一年四月二日、三九ページ。
32 『日本経済新聞』二〇一一年一〇月二八日。
33 北沢洋子（二〇一二）「カジノ資本主義を根絶するために」『週刊金曜日』八八三号、二八ページ。
34 『日本経済新聞』二〇一二年七月二四日。
35 『朝日新聞』二〇一二年四月二九日。
36 ヨーロッパの政府債務危機をめぐる論点は多様であり、EUの財政金融システムのあり方の問題、共通通貨ユーロに関わる問題、そして各国の政府債務それ自体の問題、新設された危機克服のためのシステムをめぐる問題などである。それぞれの問題が密接に関係しているが、ここではわが国の政府債務に焦点を置き、その特徴や問題点を一層明確にするために、ヨーロッパ諸国の政府債務危機を取りあげ、国際的に比較している。欧州債務危機の現状については、JETRO（二〇一二）、などを参照。
37 ジャック・アタリ（二〇一一）『国家債務危機』三六ページ。
38 "Chained but untamed", Special Report-International Banking, The Economist, May 14, 2011.
39 『日本経済新聞』二〇一〇年一二月二一日。

第Ⅲ章

動員される日銀信用と国民の貯蓄

1　はじめに

ヨーロッパの財政危機に注目が集まっているが、自国のGDPの二倍の政府債務を抱えた国は主要先進国のなかで日本だけである。さらに、国債の売買高が一京円に達する国債バブル市場を抱えた国もまた日本だけである。

その秘密は、中央銀行である日本銀行のかつてない超金融緩和政策に依存して、国債が増発され、流通しているからである。このような日銀信用の大量供与に支えられて金融機関・投資家が投機的な短期取引を展開する舞台が国債流通市場になっているからである。しくみの違いがあっても、じつは日銀信用に依存したこのような国債管理政策は、わが国の場合、戦前から行われていた。

だが、第二次大戦において、日銀信用に依存した軍事国債の増発と財政運営は、終戦直後、ハイパーインフレとなって国民生活を直撃した。この教訓のうえに、戦後の財政法[40]は、国債発行による財政資金の調達を禁じた。その後、一九六四―六五年の経済不況をきっかけにして、この禁が破られ、一九六六年一月に、戦後最初の国債が発行された。以後、経済成長を最優先した財政運営が行われ、その財源調達のために、ふたたび日銀信用に依存した国債増発のしくみが回転していった。

だが、実体経済から乖離し、日銀信用に依存した国債バブルの膨張と崩壊は、現在のように、国債市場が巨大化し、関連する金融・証券市場に大きな影響力もつようになると、日本の経済社会に大混乱をもたらすことになるであろう。

2　膨張する国債市場と国債管理政策の転換

財務省理財局によれば、国債管理政策の目的[41]は、「円滑かつ確実な財政資金の調達」、「中長期的な調達コストの抑制」、そして「わが国金融・資本市場の発展」にあるとされる。

注目されるのは、民間の金融・資本市場を発展させることが、政策当局の実施する国債管理政策の目的になっていることである。「市場のことは市場に任せよ」、といった昨今の政策スタンスとは逆に、国債市場を育成し、さらに発展させることに、国債管理政策の目的がある。これは、政策当局が金融機関など大口の国債投資家のニーズを積極的に受け止めて、金融商品としての国債を一層魅力ある投資物件に開発し、結果的には、金融機関も国債市場から利益を実現し、そして政策当局も国債発行の環境を整備しようとする政策展開を意味する。

国債管理政策は、財政赤字のリスクを取り除くための政策ではない、と財務省サイドも明言する。たとえば、「財務省幹部は、『国債管理政策は、財政赤字が市場に与える衝撃を操作するだけ。膨大な財政赤字というリスクそのものを取り除けるかどうかは、別の問題だ』と話す[42]」。

民間の国債投資家サイドは、「二〇〇三年は、わが国の国債管理政策の歴史において特筆すべき年となりそうだ」[43]と指摘するが、その理由は、一九九九年からはじまった国債発行の多様化が、二〇〇三年で総仕上げが行われるからである。国債発行の多様化とは、金融商品としての国債を一層魅力ある投資物件に開発するための多様なメニューのことであり、具体的には、二〇〇三年に新たに加わることになった個人向け国債、物価連動国債（物価が上がると国債の元本も増えるように設計された国債）の新規発行、などである。

戦後の国債管理政策の推移をみると、日本経済の景気循環と国債増発の推移に対応しつつ、金融商品としての国債の多様な商品設計と国債市場の基盤整備が進められてきたことがわかる。

まず、一九六五年度に初めて国債が発行されてから、一九七五年度に赤字国債を含む国債大量発行期に移行するまで、当初のほぼ一〇年間の国債発行は、民間の国債引受シンジケート団と大蔵省（現財務省）資金運用部による国債引受に依存してきた。ただ、民間の国債引受シンジケート団によって消化された国債も、一年後に日本銀行による国債買いオペで吸収されたので、すでに当初から、間接的ではあっても、日銀信用に依存して国債が発行されてきたことになる。この時期の国債市場は、発行市場に限定され、引き受けた国債の市中売却は禁止されていたので、流通市場は育っていない時期でもある。民間の金融市場の動向とは隔離された国債市場の時代であった。

そして、日本経済が構造的な不況に陥り、国債大量発行期となった一九七五年以降になると、金融機関の引き受けた国債の市中売却制限が解除され、国債が流動化され、国債流通市場が誕生する。もはや日銀による国債買いオペによっては消化しきれないほどの大量国債が発行されるようになったからでもある。とくに第二次オイル・ショックや円高不況などにより経済的な混迷が深まるにつれて、国債管理政策は、金融機関による国債の自己売買業務（国債ディーリング）を認可し、銀行の国債売買が飛躍的に増大するなかで、大口の国債流通市場へと成長していく。

そして、増発される国債種類も、金融機関をはじめとした国債投資家の多様なニーズを受け入れて、中期国債、短期国債、変動利付国債、超長期国債などに多様化される。また発行方式も、シンジケート団引受だけでなく、公募入札や直接発行などに多様化される。国債の売買方式も、先物取引が導入されて、国債流通市場のインフラも整備されていく。

バブル経済が膨張する一九八〇年代後半に入ると、国債流通市場もバブル化していく。指標銘柄国債（その時点で市場動向を代表する長期国債）を対象にしたキャピタル・ゲイン（売買差益）狙いの短期売買が活発化し、国債売買高もほぼ八五〇〇兆円に達し、天文学的な規模にまで膨張する。ただ、国債発行高の伸びは、この時期、バブル経済のもたらす税収増が幸いして、低く抑えられた。

だが、金融機関を中心にした国債の自由な売買取引の結果、天文学的な規模に達した国債流通市場は、わが国の金融市場のあり方に大きなインパクトを与え、金融規制緩和（いわゆる金融自由化・国際化）を先導する金融市場になっていった。国債管理政策は、「二つのコクサイ化」（国債化・国際化）の時代を迎え、金融規制緩和政策の一翼を担うことになる。

そして、一九九〇年以降、株式バブルの崩壊と長期経済不況の深刻化をきっかけにして、戦時下に匹敵するほどの国債の増発期を迎える。国債管理政策も、フル回転することになるが、その特徴は、一方では個人を含む多方面の民間投資家のニーズを反映させ、他方では、日銀信用への依存を深めたことにある。

まず、国債種類がさらに多様化され、個人向け国債、物価連動国債などが、新規に発行される。とくに個人向け国債の発行は、個人の長期貯蓄性資金を国債消化資金に動員することにある。有名タレントを登場させ、テレビコマーシャルや新聞広告、ポスターなどで、「国債って、いいかも」、といった国債キャンペーンが展開される。

個人向け国債は、一〇年満期、変動利付（市場動向に合わせて金利も変動する設計）、一口一万円といった商品設計で、二〇〇三年三月に販売が開始された。政府サイドにとっては、個人投資家を国債市場に動員することで、国債市中消化枠の新たな拡大をめざし、また個人向け国債の売買業務を窓口で扱う金融機関にとっては、新たな手数料収入の拡大につながり、有力なビジネス・チャンスが提供される。

国債の大口投資家向けの消化促進策としては、償還期限が一年のＴＢ、五年や三年の割引国債、三〇年の超長期利付国債など、多様な国債が新規に発行されただけでなく、非居住者の保有する国債の利子非課税制度を拡充し、海外投資家の拡充策も実施される。

国債市場のインフラ整備としては、国債の売買取引にともなう資金の受払を迅速に処理でき、また市場動向を時々刻々反映する入札方式を導入する、といった国債管理政策が展開された。だが、金融商品としての国債を一層魅力ある投資物件に開発し、金融・証券市場の育成に邁進してきた国債管理政策であったが、雪だるま式に膨張する国債発行高と累増する国債残高の前に、絶えず価格暴落・金利暴騰のリスクにさらされ、国債市場を起点にした金融市場の混乱や経済危機の懸念を抱え込むことになった。

このようなリスクをできるだけ押さえ込むため、結局のところ、国債管理政策の最後の拠りどころとなるのが、中央銀行＝日本銀行の信用供与と金融政策である。この点について、元大蔵財務官の榊原英資氏は、「もともと財務省は財政に圧力をかけさせないため、金融政策に責任を転嫁しようとする傾向がある。官邸や自民党も政策的に手詰まりになっているのだろう[44]」と指摘している。

この指摘を裏付けするように、財務省は、日銀に対して、財投機関債の日銀による直接引受を提案し、長期国債の買入額や銀行保有株の買取額も、その上限枠を撤廃するように求めてきた。当時の小泉政権も、日銀次期総裁に対して、「政府との対話を密にしつつ、さらに実効ある金融政策運営を強く期待している[45]」、との五項目要請を行い、日銀総裁を衆議院委員会の参考人として招致した。

さらに、その後の第二次安倍政権では、日本銀行の独立性を剥奪する日銀法の改正に言及しながら、日銀に対して物価が二%上昇するまで無制限の金融緩和を実行せよ、と迫り、白川方明総裁（当時）は「安倍氏の要請受け」物価目標を導入する、と表明し、政府・日銀の「共同声明」（二〇一三年一月二二日）のなかで二%の数字が明記された。「共同声明」後の会談で、安倍首相は、「今回の共同文書について言えば、二%の物価安定目標をしっかり書き込んで責任を明確化させたものであり、金融政策の大胆な見直しという意味でも、画期的な文書だ。いわばマクロ経済政策のレジームチェンジが行われていくことがはっきりした[46]」と宣言した。中央銀行の独立性を剥奪し、金融政策への政治介入が断行された記念碑的な「共同声明」となった。中央銀行としての日本銀行は、「死んだ」ともいえる時代に突入した。

こうして中央銀行の信用供与と金融政策が、国債管理政策の一環を担うようになる。日本銀行の財政運営への関与、財政金融の一体化が進展し、中央銀行と金融政策の独立性は損なわれ、政府の財政運営と政策展開の手段の一つに組み込まれていく。このような事態は、戦時下の財政運営において、日銀による国債の直接引受が行われた事例に象徴されるが、二〇世紀から二一世紀にかけての世紀の転換期において、ふたたびわが国は国債管理政策の大きな転換を迎えたことになる。

3　日銀信用依存型の国債発行システム

日銀信用に依存した国債発行システムは、近代国家成立期の明治時代以来、その時代に対応した多様な方式を取りながら、きわめて長期間におよんでいた。その代表的な方式を取り上げておこう。

①　日銀の政府貸上金供給方式（日清・日露戦期）

日清・日露戦の戦費総額は、ほぼ二〇億円であり、このうち軍事国債の発行による戦費調達は、一五億三五五〇万円（七八・九％）であったが、これは当時の民間金融市場の預金量（一四億四六七一万円―一九〇五〈明治三八〉年一二月末）を上回るものであった。預金量を上回り、本来不可能なはずの巨額の軍事国債の発行・消化は、民間金融市場とは隔離された日銀信用の動員によってまかなわれた。すでに日露戦期には政府短期証券も増発されていたが、日清・日露戦期全体を通じて国庫に日銀信用を供与したのは、日清戦争時に制定された日銀の政府貸上金（政府にとっては日銀からの一時借入金）であった。

日清・日露戦期においては、日銀の政府貸上金は、内国債の発行高を上回っている。日銀は、この時期、日歩二銭前後の金利で、毎月数回にわたって政府に貸上金を供与し、政府は、これによって日銀信用に依存した国庫の資金繰りを回転させている。つまり、財政ルートを介して、この日銀信用が市中に散布され、金融緩和状態が現出した段階で、大量の軍事国債をはめ込んできたのである。そして国債発行収入金が国庫に流入した時点で、日銀に借入金を返済していった。すでに、日露戦期になると、政府短期証券も日銀引受で発行されるようになり、軍事国債の膨張をはじめとした国庫の資金繰りは全面的に日銀信用に依存していくのである。

② 日銀の国債直接引受方式（満州事変・第二次大戦期）

大量国債の発行・消化が、直接日銀信用に依存するようになったのは、満州事変・第二次大戦期に採用された日銀の国債直接引受方式のもとにおいてである。満州事変・第二次大戦期の戦費総額は、ほぼ一八〇〇億円であり、このうち軍事国債の発行による戦費調達は、一五一五億九六九〇万円（八六・四%）であったが、これは当時の民間金融市場における預金量（一一九八億二四〇〇万円―一九四五〈昭和二〇〉年一二月末）を上回るものであった。預金量を上回り、本来不可能なはずの巨額の軍事国債の発行・消化は、民間金融市場の動向とはまったく隔離された日銀による軍事国債の直接引受によって可能になった。

満州事変・第二次大戦期においては、増発される軍事国債は、大蔵省預金部引受や郵便局売出と平行しながら、日銀が直接引き受けることで消化されていったのである。毎年度の国債発行高に占める日銀の引受割合は、満州事変期では最高の八九・七%にも達し、終戦の年でも五七・六%を記録している。

全国銀行の預金総額をはるかに上回る大量国債の日銀引受について、当時の関係者（日銀副総裁、深井英五）は次のように指摘していた。すなわち、「国債の発行方法として見れば窮余の一策だとも云へるが、日本銀行が国債を引受けて代わり金を政府に提供し、政府が之れを使用して散布すれば、通貨の増発となって金融の梗塞を解くの資料となる。……国債募集が困難となった時に、中央銀行が募集額の大部分を引取り、若しくは中央銀行の政府貸上を以て国債募集に代へるのは幾多の先例のあることだが、大胆に始めから日本銀行引受の方法を以て国債を発行し、市場の状況により之れを売出すことを工夫したる所に新機軸と云ふべきものがある[47]」と。

こうした「新機軸」を通じて大量発行された国債は、終戦直後の爆発的なインフレーションとなって国民経済や国民生活を破壊していったことは広く知られているところである。

③　日銀の国債買いオペ方式（高度経済成長期）

戦後の国債発行・消化方式は、戦前の苦い教訓から、財政法第五条によって日銀の直接的な引受が禁止され、市中消化の原則に立っている。だが、終戦直後の三年間に、財政赤字をまかなう目的から長期国債に代わって政府短期証券が直接日銀引受で発行され、また現在に至るもなお事実上の日銀引受によって政府短期証券が発行されているように、国庫の資金繰りと日銀信用との関係は、切断されていない。むしろ、間接的、迂回的な、複雑な操作を通じて、依然、日銀信用に依存した国庫の資金繰りと国債膨張のプロセスがつづいている、といってよい。

一九六四―六五年不況を契機にして、戦後初の内国債が発行されたのは、一九六五年度（一九六六年一月）であった。以後、今日に至るまで、戦後日本の財政運営と資本蓄積は、国債発行によって支えられてきた。戦後国債の本格的な発行に踏み出して以後、民間金融機関により構成される国債引受シンジケート団を通じた国債の市中消化方式が採用されてきた。だが、いったん市中で消化された国債も、「成長通貨の供給」という目的で、発行の一年後には、日銀が買いオペレーションによって吸収してきた。

一九六五—七五年の間では、国債引受シンジケート団によって市中消化された国債も、その七五%前後は、日銀の買いオペによって、そっくり日銀のもとに引き取られていった。とくに銀行に割り当てられた国債の場合、日銀の買いオペ割合は、ほぼ一〇〇%にも達していた。したがって、この時期の国債市中消化とは、かたちだけのものであり、その実態は、日銀による間接的、迂回的な国債引受であり、財政法第五条の空洞化が進行していた、といえるであろう。その結果、高度経済成長期には、絶えずインフレーションが進展していった。

一九七〇年代の後半以降、日銀の買オペ割合は、急激に低下していくことになるが、それは、発行額自体が巨額になったことに加えて、構造的な長期不況下で民間部門に過剰な貨幣資本が滞留し、国債がこれらの資本にとっての利殖と運用の手段に転化してきたからでもある。それに応じて国債管理政策も、店頭気配の発表（一九七七年一月）、売却制限の緩和（同年四月以降）、大口売買制度の導入（一九七九年四月）など、一連の自由化政策に踏み出し、史上まれにみるような国債の巨大マーケットを育成してきた。

このように、近代国家成立期の明治時代以来、わが国の財政運営は、その時代に対応した多様な方式を取りながら、きわめて長期間にわたって、日銀信用依存型の国債大量発行システムを稼働させてきた。

中央銀行の本来の目的は、「通貨の番人」として機能することであって、政府の予算編成を助けるために国債を引き受けることではない。また景気対策や雇用対策に責任をもつことでもなく、それは、政府の仕事である。

日本銀行法では、「第一章 総則（目的） 第一条 日本銀行は、我が国の中央銀行として、銀行券を発行するとともに、通貨及び金融の調節を行うことを目的とする。 二 日本銀行は、前項に規定するもののほか、銀行その他の金融機関の間で行われる資金決済の円滑の確保を図り、もって信用秩序の維持に資することを目的とする（通貨及び金融の調節の理念）」。

「第二条　日本銀行は、通貨及び金融の調節を行うに当たっては、物価の安定を図ることを通じて国民経済の健全な発展に資することをもって、その理念とする」とある。

日本銀行法は、どこにも、景気対策や雇用対策をやらなければならない、とは明記していない。各国中央銀行の本来の仕事は、「物価の安定」であり、通貨の番人である。最近になって「信用秩序の維持」が追加された。この本来の仕事を達成するために、各国の中央銀行法は、時の政府や各種の業界からの圧力に屈することがないように、中立性を担保されている。

だが、時の政府は、前述したように、日清戦争・日露戦争期には、政府が直接日銀から軍資金を借り入れ、第二次世界大戦下では、軍事国債を直接日銀に引き受けさせ、その資金で莫大な軍事予算を組み、戦争をしてきたように、自分たちの政策目的のために中央銀行を利用してきた歴史がある。戦後の高度経済成長期ですら、マネーサプライ（企業や家庭が保有する現金と預金）の伸び率が経済成長率を上回るようなインフレ政策が採用された。中央銀行が時の政府に利用されると、それは、悲惨な結末をもたらしてきた。「打出の小槌」のように紙幣を乱発させられたことにより、紙幣は紙屑同然になり、生活破壊のハイパーインフレーションが発生する。

4 国債の引受・オペレーションと日本銀行

戦後の出発点にあたり、財政法は、日銀による国債の引受などを禁止した。それは、戦時経済下での日銀による国債の直接引受が、軍資金とインフレマネーを供給したことで、終戦後に爆発的なインフレ・物価高（終戦から六年間で東京の消費者物価はほぼ三〇〇倍に暴騰した）を発生させ、国民生活を破壊し、社会を大混乱させたからである。例外規定があるとはいえ、財政法では、「すべて公債の発行については、日本銀行にこれを引き受けさせ、又、借入金の借入については、日本銀行からこれを借り入れてはならない」（財政法第五条）、と規定した。

だが、戦後の国債管理政策は、こうした財政法第五条を、空文化させていく。事実上、日銀信用に依存して国債の発行・消化が行われ、金融政策を担うはずの日銀が国債市場への介入を強化することで、結果的に、財政運営に協力しているからである。近年のゼロ金利政策や量的金融緩和政策のような史上まれな超金融緩和政策は、日銀信用を動員して民間金融機関に物的財貨の裏付けのない過剰なマネーを供給し、国債の市中消化基盤を拡大することで、国債増発が可能となるような環境を先行的に整備している。

日本銀行が、民間の保有する国債を大量に購入し、まして政府の発行する国債を、直接的であれ、間接的であれ、引き受けるようになると、財政や金融全般のあり方は、大きな変貌を遂げる。そのことは、すでに戦前からの歴史においても検証されている。

日本銀行は、わが国の中央銀行として、日本国内で流通しているマネー（日本銀行券）を発行する唯一の「発券銀行」であり、また預金の受入・貸出、各種経済取引の決済を担当する民間銀行の頂点に位置し、最後の貸し手として機能する「銀行の銀行」である。さらに日本銀行は、政府から国庫金を預託され、予算の歳出や歳入にともなう政府の資金繰りを日銀内に設定された政府預金の受払として処理する「政府の銀行」でもある。[48]

このような機能を駆使し、「通貨の番人」として、金融政策を担当する日本銀行であるが、とりわけ「政府の銀行」としての機能を担っている日銀が、政府の発行する国債を引き受けるようになると、物的財貨の裏付けのないインフレマネーが財政資金として散布されることになるので、インフレが発生し、社会生活は混乱する結果をもたらす。

しかも、日銀は、一定の立法措置さえ施行されるなら、時の政府のリクエストに応じて、いわば「打出の小槌」のように、マネーを政府に供給できる。そうなれば、政府は、個人や法人の支払う税収の規模や民間金融市場の動向に制限されることなく、日銀から財政資金を調達でき、戦費調達や公共事業資金の調達、財政赤字の補填など、その時々の国家目的に沿って、財政資金を人為的に調達し、散布できるようになる。

歴史的にも、日銀による国債の直接引受[49]は、巨額の軍事費などを一挙に調達するやり方として、昭和初期の高橋是清大蔵大臣の財政下で実施されてきた。当時の日銀は、赤字国債も直接引き受けるなど、満州事変から終戦に至るまで、戦時下の軍資金調達機構となってフル回転した。

近年、日銀による国債引受を主張する議論が表面化しているが、中央銀行による無制限な財政資金供給の帰結は、歴史的にも、ハイパーインフレのような天文学的な物価高を引き起こし、国民生活は破壊され、社会が苦渋の辛酸を味わうことになった。

第一次大戦後のドイツのハイパーインフレは、著名である。ドイツでは、物価が短期間のうちにほぼ一兆倍になり、国民生活は、この異常ともいうべき物価高によって壊滅的な打撃を受けた。世界史の教科書によく掲載されている写真（乳母車にマルク紙幣を積んで買い物に行く市民生活の写真や積み木代わりに紙幣の束で遊ぶ子どもたちの写真）などが想起される。

戦後の日本銀行と国債市場との関係は、日銀が政府から直接国債を引き受ける、といったしくみではなく、すでに民間金融機関が引き受け、市場で流通している既発国債を、日銀が市場に介入して売買する、といったしくみ（公開市場操作ないしオープン・マーケット・オペレーション、略称「日銀オペ」）を築いてきた。

このような日銀の国債オペレーションは、銀行をはじめとした民間金融機関とのあいだで、資金の過不足を調整する金融調節として実施されているが、国債管理政策から見れば、民間金融市場で保有されている国債を、中央銀行が買い取ってやるので、国債市場では人為的な需要が造出され、国債価格の上昇が期待できる。それだけでなく、その買取金額分については、民間金融市場における国債の消化余力を発生させることになり、政府にとっては、さらに国債の増発が可能になる。

いったん民間部門が引き受け、消化した国債であっても、その後、民間部門に対する日銀による国債の買切オペレーションがつづき、国債の買取代金を民間部門に先行的に供給しつづけると、それは、民間部門を仲介したやり方で日銀による間接的な国債の引受が実施されたことと同じ意味をもつ。この場合も、結果的には、日銀信用に依存した国債の発行が行われている、といえよう。国債の日銀引受を禁じた財政法第五条は、事実上、空文化する。

5　量的金融緩和政策と国債消化資金の供給

世紀の転換期に採用されたゼロ金利政策から量的金融緩和政策といった超金融緩和政策は、民間金融機関の日銀当座預金の残高を吊り上げ、潤沢すぎるほどの資金量を供給することによって、市中の国債消化基盤を飛躍的に拡大することになった。また日銀が国債市場に介入して国債買いオペを繰り返すと、国債への人為的な需要が持続的に発生するので、国債価格は、高止まりする効果をもつ。

国債の市中発行額が飛躍的に増大しているのに、国債価格が値崩れせず、国債の市中消化が円滑に進んでいるのはなぜか。その答えは、次のような新聞記事が示している。

すなわち、「この不思議を演出しているのは、日銀だ。日銀は当座預金残高の目標を定める量的緩和の手段として、長期国債を市場で買い切る。買い切り額は国債の増発にあわせるかのように毎月四〇〇〇億円から一兆二〇〇〇億円に増やした。主力の一〇年物国債の発行額は、月一兆九〇〇〇億円。今や、計算上はその六割以上に相当する長期国債を日銀が吸い上げる。経済下支えを目的にした量的金融緩和は、事実上、国債大量発行の受け皿になってきた」[50]。

量的金融緩和政策の柱は、金融機関の手元資金量を示す日銀当座預金の残高目標を、通常の残高(法定準備預金額の四兆円)よりも高めに設定することにおかれている。量的金融緩和政策に踏み出した二〇〇一年三月一九日以降、日銀当座預金の残高目標は、まず五兆円に設定され、その後、繰り返し高め高めに更新され、二〇〇三年一〇月一〇日時点では、二七―三五兆円程度にまで引き上げられた。金融機関の手元には、あり余るほどの資金が供給されたのである。その後の「包括的な金融緩和政策」(二〇一〇年一〇月から逐次改正)は、①日銀の内部に国債などの資産買入のための新たな基金を創設し、七六兆円もの国債買入が行えるようにしたこと、②日銀による国債の買いすぎを防ぐための「銀行券ルール」（日銀の長期国債の保有残高を日銀券の発行残高以下に抑えるルール）を一時的に凍結したこと、である。

さらにその後、第二次安倍政権下の日本銀行は、黒田東彦新総裁の就任後初の金融政策決定会合（二〇一三年四月四日）において、「異次元の金融緩和策」の導入を決定した。その特徴は、日銀が毎月七兆円ほどの国債を金融機関から購入するやり方で、今後二年間で資金供給量を二倍に増額し、二〇一四年末までに金融機関の日銀当座預金の残高目標を過去最大の二七〇兆円にまで増やす、というものであった。この政策に市場はすぐに反応し、新規一〇年物国債の流通利回りは、瞬間的に過去最低の〇・三一五％にまで下がった（国債価格は上昇）。それは、金融機関など国債投資家たちは、この新しい量的緩和政策によって「日銀が国債を大量に買ってくれることで、当面は安心して国債が買えると受け止められた」[51]からである。実際のところ、毎月七兆円の国債購入は、政府が毎月発行する新規国債発行額の七割にあたる。

日本銀行は、銀行や証券会社などの金融機関とのあいだで当座預金取引を行っている。この日銀当座預金は、日銀と政府や民間金融機関のあいだで、また民間金融機関同士が、資金のやりとりを行う際に、この当座預金口座に入金したり、引き落としたり、振り替えたりして取引が行われる。民間金融機関に現金通貨が必要となった場合には、この当座預金口座から現金通貨を引き出して、企業や個人の支払いにあてるための支払い準備としても使用されている。また準備預金制度のもとでの準備預金としても使用されている[52]。

「銀行の銀行」としての日本銀行は、このような機能を有する日銀当座預金のネットワークを通じて、各種の金融政策を展開し、また各種の経済取引に不可欠の決済業務を行っている。日銀当座預金を使った金融緩和のしくみと政策当局が描くシナリオは、以下のようである。

① 日銀が買いオペレーションによって民間銀行から国債や手形などを買い取り、その代金を、民間銀行の日銀当座預金に入金し、預金残高を増やしてやる。

② 預金残高が目標額に達しない場合には、銀行券発行残高に制約されることなく、さらに長期国債の買いオペ額を増やして、その代金を入金しつづける。

③ この日銀当座預金は、民間銀行にとっては、収益にならない無利子に近い預金なので、そのまま寝かせておくよりも、企業や個人に貸し付けるか、国債などの証券投資に振り向け、利子などの収益を獲得しようとする。

④ その結果、日銀が民間銀行に供給した資金はめぐりめぐって、マネーサプライ（企業や家庭が保有する現金と預金）を増大させ、金融緩和が実現される。

⑤ 金融緩和の下で、企業や個人は、安価で潤沢な資金を供給されるので、低コスト資金で旺盛な経済活動を展開でき、その結果、デフレは克服され、景気は回復する、といったシナリオが描かれる。

こうして、「デフレを克服」し、「景気回復を目指す」ことを目的にした量的金融緩和政策・日銀当座預金残高の吊り上げ策は、これまで経験したことがなかったほどにマネタリーベース（中

図３－１　マネタリーベースの伸びは増加、マネーサプライは低い伸び

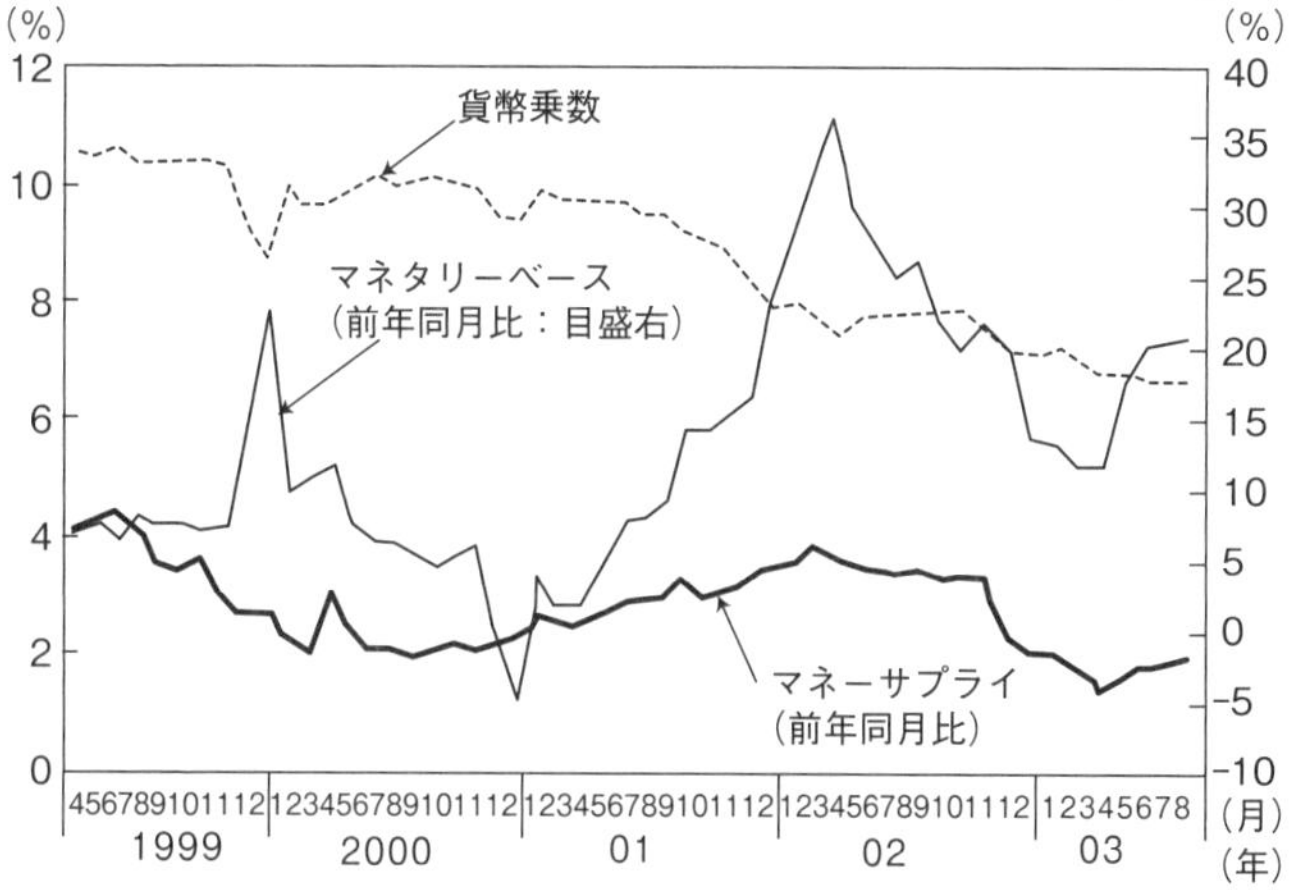

（備考）日本銀行「マネタリーベース」「マネーサプライ」により作成。
内閣府編『平成15年版経済財政白書』2003年，75ページより作成。

央銀行が民間銀行に供給する通貨）を拡大した。潤沢すぎるほどのマネーを供給された民間銀行は、企業や個人の経済活動のために大幅に貸し出しを伸ばし、その結果、マネーサプライも大幅に伸びるはずであった。

だが、政策当局の期待とは裏腹に、マネーサプライは伸びなかった（図3－1）。マネーサプライが伸びないのは、企業や個人部門への銀行からの貸出が伸びていないからである。それだけではなく、むしろ、銀行の貸出額は、近年、縮小しているのである。

この点について、経済財政白書は、「銀行貸出が縮小している理由としては、（ⅰ）企業部門が過剰債務の解消の一環として、銀行からの借入を返済していることや、（ⅱ）銀行部門がリスク許容力の低下のために、リスクの高い企業への貸出を削減していることが考えられる[53]」と指摘してい

る。つまり、マネーは、銀行から企業や個人部門へ供給されていないのである。企業サイドも、経済成長のための設備投資に踏み出すのではなく、人員削減をはじめとしたリストラをつづけ、節約できた資金は内部留保金として積み上がり、二〇一三年現在で二七〇兆円にも達している。景気の回復どころか、失業率は高まり、実質GDPもマイナスを記録し、実体経済は低迷したままである。

では、量的金融緩和政策によって供給され、かつてないほどに増大した銀行の日銀当座預金残高は、その運用先をどこに向けているのか。その向かう先は、政府の発行する国債である（図3－2）。銀行は、不良債権を上積みしかねないリスクのある企業への貸出を抑え込み、貸し渋りをつづける一方で、超低金利下での安全有利な投資物件として、国債を大量に購入している。政府から定期的に支払われる国債利子収入は、不透明な長期不況下で、銀行にとっての有力な収益源泉になっているのである。

また、政府にとっては、増発される国債の大口の購入者が現れることで、国債の大量発行計画がスムーズに進む。量的金融緩和・日銀当座預金残高の吊り上げ策は、国債消化基盤の整備・拡充策

図3－2　大手銀行7グループの貸出金と国債保有残高

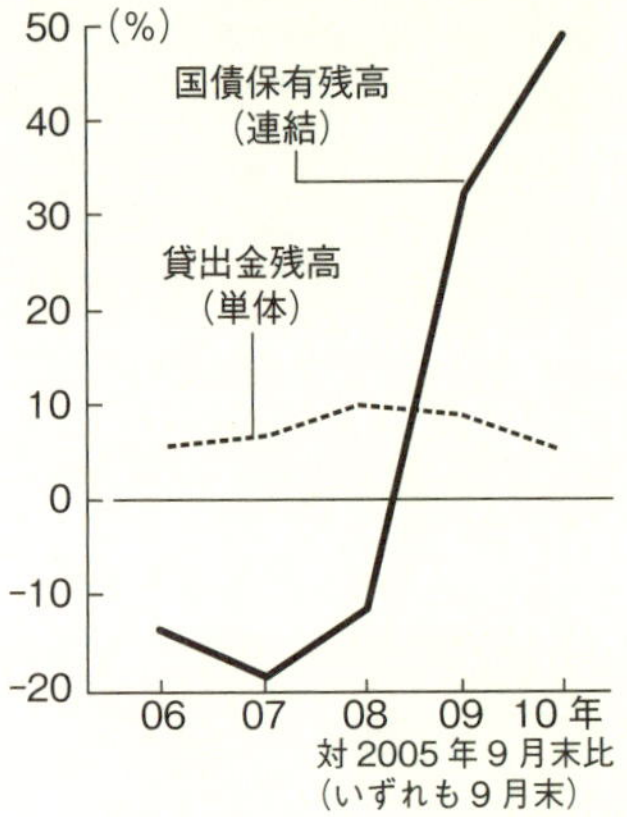

『朝日新聞』2010年11月13日より作成。

となって機能している。

だが、銀行の国債投資が増大したとしても、それは、マネーサプライの増大にはならない。マネーサプライの中身は、経済活動を担う企業や個人によって保有されたマネー（現金通貨や預金通貨）にほかならない。したがって、銀行の国債投資が増大しても、銀行から国債購入金額分のマネーが政府の財政資金に提供されるだけで、企業や個人にマネーは向かわず、マネーサプライは増大しないからである。

量的金融緩和・日銀当座預金残高の吊り上げ策によって日銀から民間銀行に供給される巨額のマネーは、超低金利下の安全有利な投資物件になっている国債に向かい、民間銀行から政府の下に財政資金となって還流していき、日銀→民間銀行→政府の内部で循環している。その結果、経済不況は回復せず、国債市場だけがバブル市場化し、膨張を遂げている。

6　国債市場のバブル化と国債価格暴落のインパクト

日銀信用に依存し膨張してきた国債市場は、近年、バブル化し、たえず暴落の危機を内包する不安定な市場になっている。経済誌では、国債価格の暴落のシナリオが三通りほど検討されている（図3-3）。国債バブルの崩壊は、膨大な国債残高を抱えた日本経済に、深刻な問題を発生させる。

図３－３　日本国債暴落シナリオ

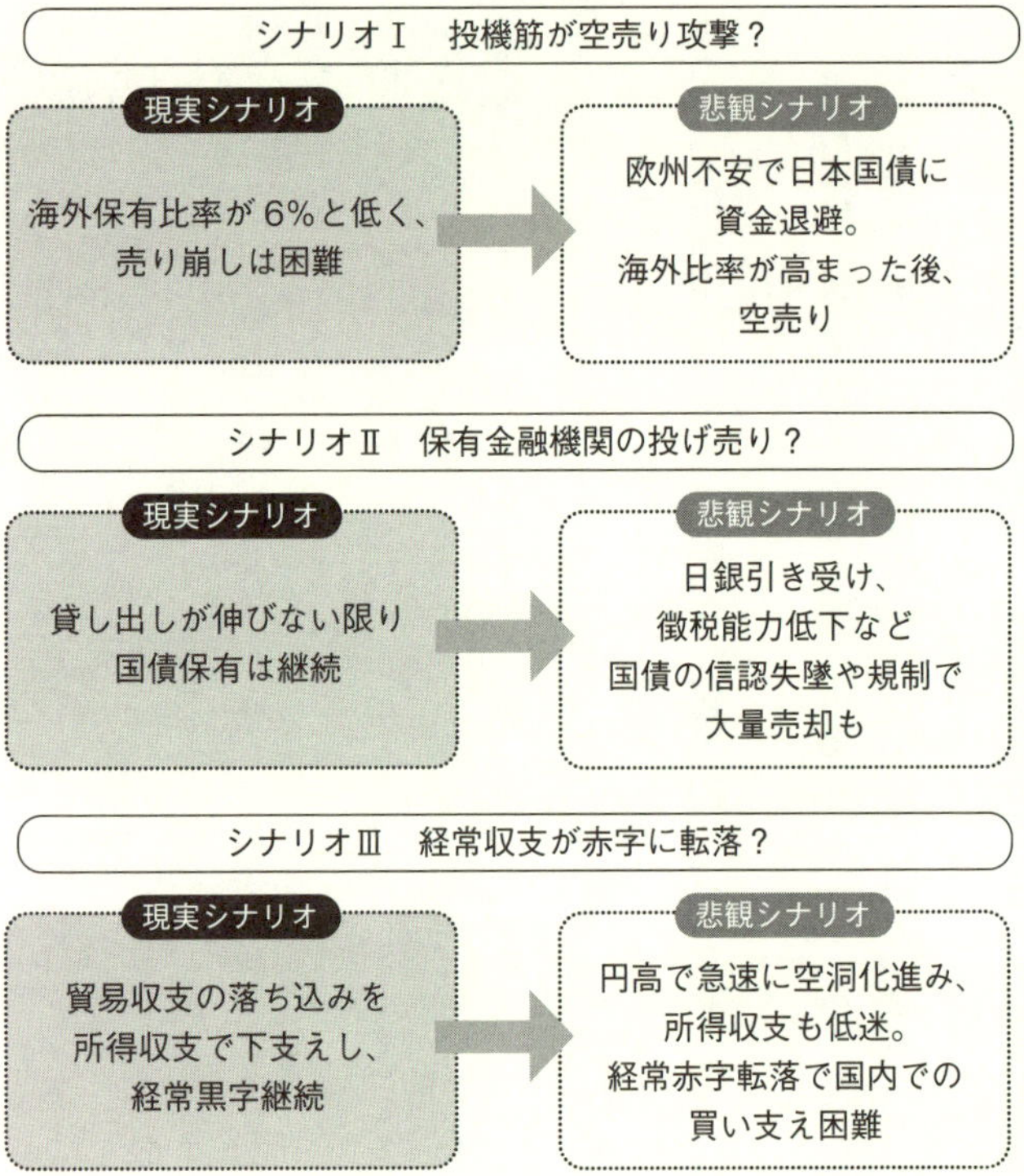
シナリオⅠ　投機筋が空売り攻撃？
現実シナリオ
海外保有比率が６%と低く、売り崩しは困難
悲観シナリオ
欧州不安で日本国債に資金退避。海外比率が高まった後、空売り
シナリオⅡ　保有金融機関の投げ売り？
現実シナリオ
貸し出しが伸びない限り国債保有は継続
悲観シナリオ
日銀引き受け、徴税能力低下など国債の信認失墜や規制で大量売却も
シナリオⅢ　経常収支が赤字に転落？
現実シナリオ
貿易収支の落ち込みを所得収支で下支えし、経常黒字継続
悲観シナリオ
円高で急速に空洞化進み、所得収支も低迷。経常赤字転落で国内での買い支え困難

『週刊ダイヤモンド』2011 年 11 月 5 日、44 ページより作成。

というのも、代表的な長期国債の利回り（投資額に対する年間の収益率）は、わが国の住宅ローンなどの長期金利の基軸的金利になっているため、国債バブルの膨張と崩壊にともなう国債利回りの変動は、長期金利の変動を誘発し、長期金利の変動がまた国債利回りの変動を誘発する、といった強い連動関係にあるからである。近年の事例では、長期金利の指標となっている一〇年物国債の流通利回りは、二〇〇三年六月一一日、この時点では過去最低利回りの〇・四三％まで下がり、わずか三週間後の七月四日には三・二倍にあたる一・四％にも暴騰し、国債価格におけるミニバブルの暴騰と崩壊がみられた[54]。

一般に、代表的な長期国債の流通利回りは、長期金利と同一視されているので、長期金利が下落したといった場合、それは国債の利回り低下と見なせばよい。ところで、国債価格の下落＝利回りの上昇を意味するが、ここでその関係を例示しておこう。

額面価格が一〇〇円で、表面金利が二％の長期国債を購入した場合、利子は半年に一回、元本は償還時に全額支払われる。この額面価格と表面金利は、償還時まで不変である。いまこの国債を、額面価格と同額の一〇〇円で購入した場合、その投資家は、一〇〇円の投資に対して年間二円の利子（額面価格一〇〇円に対する表面金利二％分の金額＝この金額は国債が最終的に償還されるまで支払われる）を受け取ることになる。単純化のため償還期限などを無視すると、一〇〇円の投資額に対して二円の利子収入があるので、この国債投資の年間の収益率（利回り）は二％（2円÷100円×100=2％）である。その後、この国債の市場価格が五〇円に下落し、この国債を幸いにも五〇円で購入できた投資家は、年間二円の利子を生み出す国債を五〇円で購入できたわけだから、この投資家にとっての国債投資の利回りは、四％（2円÷50円×100=4％）になる。このように、国債の市場価格が半値に暴落すると、利回りは二倍に上昇するわけである。逆に、国債市場がバブル化し、価格が二〇〇円に暴騰すると、その利回りは、一％（2円÷200円×100=1％）という具合に暴落することになる。国債の価格と利回りの数値が反比例するのは、分母にあたる国債の市場価格は変動するが、分子にあたる発行価格と表面金利は固定化され、不変のためである。

こうした既発国債市場の流通利回りの変動は、新規発行国債の表面金利に反映されるので、国債流通市場における価格下落＝利回りの上昇は、新規国債の表面金利の引き上げ（政府の利子負担の上昇）を誘発する。国債バブルが崩壊し、価格が半減（利回りは倍増）した国債は、次の新規に発行される国債には、その表面金利を二倍に高くしなければならない。つまり、新規国債を発行する政府は、国債投資家に対していままでよりも二倍も多く利子を支払うことになる。そうしなければ、国債投資家は利益の出ないような金利の低い新規国債を購入しなくなり、その結果、国債の発行は不可能になり、財政資金の調達ができなくなることを意味する。

一般に投資家は、国債に限らず、すべての投資物件を利回りで比較して行動するので、国債の動向についても、価格の変動よりも、利回りの変動で表現される場合が多い。国債バブルの崩壊・利回りの暴騰は、以下のようなメカニズムで、政府の負担、したがって最終的には国民の租税負担を増大させる。

表3－1　平成25(2013)年度以降金利が変化した場合の国債費の増減額

(単位: 兆円)
(　) 書きは「国債費」の額

金　利 (下記の前提からの変化幅)	25年度 (2013年度)	26年度 (2014年度)	27年度 (2015年度)
＋2％	2.0(25.5)	4.9(30.7)	8.3(35.8)
＋1％	1.0(24.5)	2.4(28.3)	4.1(31.6)
－1％	▲1.0(22.4)	▲2.4(23.4)	▲4.1(23.4)

(注)[試算1－1] の金利の前提は、平成24(2012) 年度予算における積算金利(2.0%) により仮置き。
財務省(2012)『債務管理リポート』151ページより作成。

国債価格の下落（利回りの上昇）→長期金利の上昇→新発債の金利引き上げ→政府の国債利払い費用負担の増大→増大した利払い費調達のためにさらに国債増発→長期金利の一層の上昇→新発債の金利の一層の引き上げ→政府の国債利払い費用負担の一層の増大→……という悪循環が成立するからである。

しかも、長期金利の上昇は、企業や家計部門にとっても、金利負担を増大させることになり、結果的には、実体経済を悪化させ、景気の足を引っ張り、不況を長期化させる要因となる。長期金利の上昇が、銀行の貸出金利、社債発行金利、住宅ローン金利などの負担をどの程度増大させるのか、たとえば、国債金利が一％上昇した場合の経済効果を検討しよう[55]。

国債金利の上昇は、まず国債利払い費の暴騰となって政府予算を直撃する（表3－1）。財務省の試算によれば[56]、二〇一二年度を基準にすると、国債金利の一％の上昇は、即翌年の国債費を一兆円増大させ、一般会計歳出の「国債費」は二四・五兆円になり、次の年度で二・四兆円増大させ、二八・三兆円になり、その次の年度には四・一兆円増大させ、三一・六兆円になり、国庫負担が一挙に拡大する。国債価格

表3－2　住宅ローン3,000万円の30年返済

	金利2％	金利4％
毎月の返済額（ボーナスなし）	11万 886円	14万 3,224円
返済総額	3,991万 8,769円	5,156万 710円

（注）固定金利、元利均等、住宅保証機構の返済額試算

の暴落＝金利上昇は、財政赤字をさらに深刻化する。

銀行の場合、国債の金利が一％上昇（保有国債の価格は下落）することで発生する保有債券の評価損は、大手銀行で三兆三〇〇〇億円、地方銀行で二兆七〇〇〇億円、合計六兆円に達する。

だが、一層深刻なのは、家計や中小企業である。銀行からの借入金に依存する中小零細企業は、金利負担に耐えかねて倒産し、地域経済は一層停滞する。

家計の住宅ローン残高は、ほぼ一八〇兆円（二〇一〇年度末）であり、このうち金利変動を直接被る変動金利型ローンの割合は、ほぼ四〇％の七二兆円であるため、一％の金利上昇は、即七二〇〇億円の金利負担を家計に強いることになり、新規契約のたびに金利負担は増大していく。これは住宅ローン破産を誘発する。かりに、返済期間三〇年、当初金利二％で、三〇〇〇万円のローンを組んでいた家計の毎月の返済額は、金利がさらに二％上昇するなら、一一万八八六円から一四万三二二四円に増えてしまい、月々の返済額で三万二三三八円も増額となる。ローンの返済総額も、三九九一万八七六九円から五一五六万七一〇円に増大し、完済までには、一一六四万一九四一円も多く支払うことになる（表3－2）。

国債元利払い費用は、すでに一般歳出の二割に達し、このような過去の債務

の利子負担が増加することは、さらに「国債費」以外の歳出予算の配分額を減らし、増税圧力となる。住宅ローンの金利負担の増加は、新規住宅建設をはじめとした住宅需要を冷え込ませ、貸出金利の上昇は、銀行からの借入金に多くを依存する中小企業の資金繰りや経営の悪化をもたらし、実体経済や景気を一層悪化させる要因となるであろう。

長期金利の上昇を誘発する国債価格の暴落について、近年、以下のような事例[57]がある。

①「ロクイチ国債の暴落」――一九七八―七九年にかけて発行された表面金利六・一％の長期国債は、オイル・ショック後、赤字国債の大量発行、インフレ懸念からの公定歩合の引き上げなどをきっかけにして、一九八〇年四月には、利回りで一二・四％に上昇し、価格は一〇〇円から七四円にまで大暴落した。

②株式バブルの一時的な崩壊であった一九八七年一〇月のブラックマンデーの直前、株価同様バブル化していた国債価格も、当時のタテホ化学工業の債券先物取引の失敗による巨額損失の表面化をきっかけにして、八七年五月の一〇八円（利回り三・八八％）から、八七年九月には八七円（利回り六・七三％）にまで暴落した。

③一九九八―九九年にかけて、かつてない二七兆円規模の緊急経済対策の財源として三四兆円の新発債が大量発行され、さらに有力な国債消化機関であった当時の資金運用部資金特別会計（その原資は郵便貯金）が国債の買入停止を表明したこと（「運用部ショック」）もあって、国債価格（利回り）は、九八年一〇月の一〇七円（〇・八四％）から、九九年一月には八九円（二・〇％）にまで

暴落した。

こうした国債価格の暴落事例から明らかのように、国債価格は、景気対策にともなう国債の大量発行や公定歩合の引き上げ、その他突発的な経済的事件などによっても暴落する。それはまた、長期金利の上昇を通じて、政府の国債利払い費用の増大、住宅ローンや企業の借入金などの各種金利負担の増大、景気抑制と不況の長期化などの経済的な攪乱要因として作用してきた。近年のように、歴史的にもまれな超低金利時代にあって、もはやこれ以上下げられないほど低水準にある公定歩合（二〇〇一年九月以降〇・一％）や国債金利のもとでは、国債価格暴落（長期金利暴騰）によって誘発される経済的な攪乱は、予測できないような事態を招くリスクを秘めている、といえよう。

7　金融市場の空洞化とモラル・ハザード

ゼロ金利政策（一九九九年二月）が採用されてからわずか一年を経た時点で、短期金融市場では、モラル・ハザードが深刻化していた。それを物語る金融市場での一場面を紹介しよう。

「『手元に三〇〇億円余っているので、適当にさばいておいて』。ある地方銀行の資金ディーラーは二月下旬の朝、短資会社に電話を入れた。どこの都市銀行に短期資金を貸すのか、あまり興味がなさそうだ。運用先選びは、仲介業者の短資会社に『丸投げ』する。

短期金融市場では、無担保の翌日物コール金利は年〇・〇二％に張りつき、借り手の都銀の財務内容の良しあしにかかわらず、金利差はない。『どこに資金を出してもレートは金太郎アメ。やる気がなくなる』（地銀ディーラー）。丸投げも無理はない[58]」。

銀行は、企業や個人への貸出も減らし、またインターバンク市場（銀行間で資金をやりとりする市場）での資金の短期運用も放棄している状況下で、どこで収益を稼ぎ出しているのか、日銀の量的金融緩和政策と国債買いオペは、銀行にとってどのような意味をもつのか。この点について、以下の指摘は正鵠を射る。

すなわち、「銀行にとって量的緩和がつづく限り日銀はいつでも国債の買い取りに応じてくれるという安心感がある。また金利の低下局面では、日銀の買い取り価格は当初の取得価格を上回る可能性が高く、その場合には売却益も確保できる。量的緩和により銀行部門はいわば継続して補助金が与えられてきたようなものである。……そのような補助金的な措置は常にモラルハザード（倫理の欠如）の危険をはらむことを忘れてはならない[59]」。

「長期資金は国債に回っている。『貸し出しを減らしている中で、利ざやが稼げ、最も安定している』と大手都市銀行の担当者。公募入札で落札した国債を最短で数日後、日銀に売って売却益を得る。『財務省と日銀の間をつなぐだけの取引』も盛んに行われている。『世界最大の「国債産出国」を支えているのは、日銀の量的緩和と貸し出しのリスクを取らない銀行のおかげだ[60]』と財務省理財局の幹部。その量的緩和策を財務省が日銀にせっせとやらせている、と市場は見る」。

量的金融緩和政策を支える日銀の国債買いオペは、銀行に対して国債売買差益を提供し、銀行の有力な運用手段になっている。貸出減退によって貸出市場における収益源泉を狭めた銀行は、国債市場における収益源泉を拡大することで、埋め合わせてきた。銀行は、国債引受シンジケート団の構成メンバーとして国債を引き受け、まず政府から国債引受手数料を受け取り、引き受けた国債と公募入札で落札した国債を保有し、利子収入を受け取り、さらに日銀の国債買いオペによって国債の売却益を獲得しているからである。

銀行部門が、経済活動を担う企業や個人への貸出を減退させることは、量的金融緩和政策を通じて潤沢に供給されるマネーも、財やサービスを生産し、販売する経済活動のために有効に利用されていないことを意味し、国民経済の発展とは無縁なやり方でマネーが利用され、金融市場の空洞化を促進させている、といってよい。

8　毀損《きそん》する日銀のバランスシートと減額する国庫納付金

日本銀行が金融市場に介入し、日銀信用を大量に供給し、その見返りに価格変動リスクのある資産を大量に抱え込んだ場合、そのリスクは、日銀自身にも降りかかる。

日銀の速見総裁（当時）は、衆議院予算委員会の席で、長期金利の変動が日銀の財務に与える影響について、「一〇年物国債金利の一％上昇で約一兆円の含み損が出る[61]」、と述べていた。

当時（二〇〇三年度上期）の財務諸表によれば、日銀は、三一年ぶりに、史上二度目の経常赤字（一九五八億円）となった。その原因は、大規模の国債買いオペなどをくり返すことで、九一兆円にふくらんだ日銀保有国債の資産価値が、三月以来の国債相場の下落を受けて、七九三七億円の評価損を計上したからである。また、円高阻止の為替介入をくり返すことでふくらんだ日銀保有の外貨建て資産（その中心はアメリカの国債）も、さらに円高が進展したことで、一四二四億円の損失を計上したためであった。[62]

そのうえ、日銀の経常赤字が公表された直後、一九九七年に経営破綻した旧山一証券に対する日銀の特別融資が焦げ付いてしまい、約一一四〇億円が回収不能に陥っていることが表面化した。日銀特融の焦げ付きは、戦後初めての事態である。旧山一証券への日銀特融は、金融システム不安の拡大を防ぐための「臨時異例の措置」（当時の松下康夫日銀総裁）として実施され、ピーク時には一兆二〇〇〇億円にも達していた。金融システムを維持するための切り札であったはずの日銀特融が、結果的には山一証券の損失穴埋めに使われたことになり、日銀から山一証券への「贈与」が行われた[63]、ともいえる性格をもつ。

こうした事態は、日銀のバランスシートを毀損《きそん》し（壊し）、中央銀行に対する信認、通貨「円」に対する国際社会における信認を損なうだけでなく、有力な税外収入である日銀の国庫納付金が減額されることで、最終的には国民負担も増大させる。

政府が公的資金の投入額を国会で議決し、国会のチェックを経て実施される各種の財政支出の場合は、財政負担や国民負担もはじめから明白に提示されるが、日銀の民間金融市場への介入や特別融資などは、逐次国会でチェックされるわけでなく、不透明な形をともなって最終的に財政負担や国民負担を増大させる性格をもっている。

日銀は、毎年度の利益である剰余金の五％を自己資本に充てるが、残りのほとんどを国庫に上納金として納付する。日銀納付金は、中央競馬会の納付金や国有地の売却収入金などと同様、国の税外収入の柱であり、多いときには一兆四〇〇〇億円程度に達していたが、二〇〇三年度には、一〇九六億円（当初予算の八割減）にまで落ち込んだ。日銀納付金の減退は、国の税外収入の減退に直結し、めぐりめぐって国債増発や国民の税負担増をもたらしかねない要因となる。

9　低下する日本国債の格付と枯渇化する国債償還財源

国債は、すでに明らかのように、政府の債務であるため、政府は、債権者、つまり国債の保有者に対して、その元本債務を履行、すなわち国債を償還しなければならない。国債償還財源の積み立て、現金償還、借換国債の発行、買入償却など、国債の償還に関連したすべては、わが国の減債基金制度である国債整理基金特別会計によって担われている。

国債整理基金特別会計は、日露戦争の国債償還のために設立され、今日に至っているが、その設立目的について、設立当事者で、当時の大蔵大臣高橋是清は、議会で次のように答弁していた。「抑々減債基金を置くやうになったのは、今御話の通り日露戦争の後、私が欧米の其当時日本公債に関係をもった有力なる財界の人々の意見に依って是が起ったものなのです。……兎に角公債所有者に安心を与へると云ふことが、此際日本政府の信用を維持する上に於いて最も大切である。斯う云ふことであった。それで、政府に其事を取次いで、始めて茲に減債基金制度と云ふものが出来た。故に減債基金制度の起りと云ふものは、公債所有者に安心をさせると云ふのが根本の目的である[64]」。

この答弁は、現代に敷衍する減債基金制度の本質をえぐりだしている。国債整理基金特別会計は、政府にとっての債権者にあたる国債保有者に対する安心を担保する制度である。言い換えれば、将来の税収を担保にして発行した国債については、どんなことがあっても政府が責任をもって将来にわたたって利子を支払い、元本を償還していくという姿勢を、財政システムの中の特別なシステム（減債基金制度）として確立したことにある。

二〇〇一—〇二年にかけて、日本国債の格下げ情報が市場に不安を与えたが、格下げ理由の一つは、国債償還財源に利用してきたＮＴＴ株式の売却収入金を補正予算に充用したことから、国債整理基金特別会計の償還財源が枯渇化したためであった[65]。経済のグローバル化と金融ビッグバンが進展し、内外の投資家への投資情報が格付によって提供されるようになった。アメリカの大手格付会社のスタンダード・アンド・プアーズ（Ｓ＆Ｐ）社、ムーディーズ・インベスターズ・サービス社などは、グローバルに流通している日本国債の格付に乗りだしたが、いずれも低い格

表3－3　主要国の国債格付一覧(2012年6月15日現在)

	Moody's	S&P	Fitch
Aaaa/AAA	アメリカ(↓) イギリス(↓) ドイツ フランス(↓)	イギリス ドイツ	アメリカ(↓) イギリス(↓) ドイツ フランス(↓)
Aa1/AA＋		アメリカ(↓) フランス(↓)	
Aa2/AA			
Aa3/AA－	日本	日本(↓)	
A1/A＋			日本(↓)
A2/A			
A3/A－	イタリア(↓)		イタリア(↓)
Baa1/BBB＋		アイルランド(↓) イタリア(↓) スペイン(↓)	アイルランド(↓)
Baa2/BBB			スペイン(↓)
Baa3/BBB－	スペイン		
Ba1/BB＋	アイルランド(↓)		ポルトガル(↓)
Ba2/BB		ポルトガル(↓)	
Ba3/BB－	ポルトガル(↓)		
B1/B＋			
B2/B			
B3/B－			
Caa1/CCC＋			＼
Caa2/CCC		ギリシャ	ギリシャ
Caa3/CCC－			＼
Ca/CC			
C	ギリシャ		
SD/RD	＼		

(↑)は、アウトルックがpositiveとなっていることを示す。
(↓)は、アウトルックがnegativeとなっていることを示す。
財務省(2012)『債務管理リポート』111ページより作成。

付を行った（表3－3）。

国債が過去に例を見ないほど増発され、累増してきている現代日本では、国債償還財源の繰り入れ延期や財源の枯渇化といった不備が、国債整理基金特別会計に発生した場合、そのインパクトは無視できない。国債保有者には不安が走り、保有国債の売却、相場の値崩れ、長期金利の上昇、各種金利負担の増大、景気の後退、さらには、日本国内からの資本流出と通貨不安の発生、といったリスクも表面化する。

わが国の国債の保有構成は、主要五カ国で比較すると、かなり特徴的である。家計部門や海外部門の国債保有割合は、主要国で最低である一方、銀行の国債保有割合は、高い割合を占めている。これは、国債市場の参加者が銀行などの少数の大口の国債投資家によって独占されていることを意味する。国債を長期間にわたって保有しようとする動機の高い長期保有型の個人投資家の参加しない国債市場は、大衆投資家不在の市場でもあり、銀行などの大口投資家が目先の売買益を追求して短期的な売買を繰り返す市場になるため、国債価格も乱高下しやすい不安定な市場となる。

預金口座のネットワークを使用して各種の経済取引に不可欠な資金決済の機能を担う銀行部門が価格変動リスクの高い国債を保有すると、乱高下する国債価格の動向に連動して銀行経営も不安定化することになるので、資金決済も不安定化し、各種の経済取引も混乱に見舞われ、不安定化する。

また、超金融緩和政策のもとで、日銀信用の膨張が国債の増発基盤を先行的に整備するようになると、日銀信用に対する不信、ひいては「円」通貨に対する不信をもたらしかねない。経済のグローバル化が進展し、ヒト・モノ・カネが国境を越えて自由に移動できるようになると、国際社会における日本の通貨「円」への信用を失うことは、日本経済そのものを根底から崩しかねないリスクに見舞われる。

そのようなリスクの認識について、現在とはシステムの違いがあるにせよ、先人の的確な指摘を以下に紹介しておこう。日本の減債基金制度の生みの親であり、日銀による国債の直接引受を陣頭指揮した当時の大蔵大臣・高橋是清は、いう。

「終ひには日本銀行の兌換券なんと云ふものは反古紙同様になりはせぬかと云ふ心配……日本の公債もしまひには反古紙同様になりはせぬかと云ふやうな懸念まで起すやうになるのであります。……従って債券と云ふやうなものは、総て国の其時の通貨を以て償還される、利払をされると云ふやうなものは、通貨の信用が無くなれば、其物の信用が無くなると云ふことは当然なことである。之が一番怖ろしい」[66]（昭和一〇年三月二日、於第六七議会貴族院予算第一分科会）。

10 まとめ——戦前の教訓が生かせるか

現代日本は、主要国でも最悪の「債務大国」となり、対GDP比率で二〇〇%を上回る長期政府債務を抱え込んでいる。国債などの長期政府債務は、結局、将来の国民の税収によって償還されることになるので、将来世代の税負担は深刻である。

それでもなお国債は増発されつづけ、しかも、国債流通市場が活況を呈しているのは、量的金融緩和のような超金融緩和政策が展開され、日銀信用が民間銀行に対して先行的に供給され、超金融緩和状況が造出されることによって、市中の国債消化基盤が人為的に拡大されてきたからであった。

これは、中央銀行の信用供与と金融政策が、現代日本の国債管理政策の一環を担うようになったことを意味する。政府、日本経団連サイドからの圧力のなかで、日本銀行の財政運営への関与、財政金融の一体化が進展し、中央銀行と金融政策の独立性が損なわれてきた。戦時下の財政運営において、日銀による国債の直接引受が行われた事例もあるが、二〇世紀から二一世紀にかけての世紀の転換期において、ふたたびわが国は国債管理政策の大きな転換を迎えた。

民間企業への貸出が不良債権化することを避け、リスクを取らない銀行は、日銀当座預金として積み上がるマネータリーベース（中央銀行が民間銀行に供給する通貨）の運用先として、安全有利な国債を選択し、大量の国債投資を展開してきた。国債の市場利回りは、大口の買い手を得ることで、史上まれにみるほどに低下し、国債バブル市場が出現した。日銀から銀行に供給されたマネーは、財やサービスを生産し、販売する経済活動のために使用されるのではなく、政府から増発される国債の購入に振り向けられていったのである。

価格変動リスクのある国債を大量に保有することになった銀行は、バブル化した国債市場の動向を受けて、不安定な経営を余儀なくされるようになる。国債の市場価格の変動が銀行の保有する国債の資産価値の変動をもたらすことになるからである。あらゆる経済取引にとって不可欠な資金の決済業務を営む銀行経営の不安定化は、金融システム不安を誘発し、各種の経済取引の円滑な遂行を阻害し、経済全体の不安定性を増幅させるものとなる。

また、日本銀行が国債の買いオペによって、価格変動リスクのある国債を大量に保有すると、日銀の経営も不安定化し、最終的には、日銀からの国庫納付金の減額となって政府債務を増やし、国民負担に拍車をかける。

戦前、日本銀行が国債を引き受け、買いオペを実施し、巨額の政府債務を築いてしまったのは、主に莫大な軍事資金を国家に提供するためであった。その結果、終戦とともに、爆発的なインフレに見舞われ、政府債務は実質的に洗い流されたが、国民経済は疲弊し、国民生活は破綻された。戦後の累積国債の深刻度は、対GDP比率でも、戦前に匹敵する。悲惨な歴史が再びくり返されてはいけない。

注

40 財政法第四条「国の歳出は、公債又は借入金以外の歳入を以て、その財源としなければならない。但し、公共事業費、出資金及び貸付金の財源については、国会の議決を経た金額の範囲内で、公債を発行し又は借入金をなすことができる。2 前項但書の規定により公債を発行し又は借入金をなす場合においては、その償還の計画を国会に提出しなければならない」。

41 財務省理財局（二〇〇三）『わが国の国債管理政策』一一ページ、公的債務管理政策に関する研究会（第二回）配付資料、財務省ホームページ、より。
42 『朝日新聞』二〇〇三年六月二八日。
43 末澤豪謙「（特集）新たなフェーズに入った国債管理政策中長期的な国債発行額の圧縮と投資家層の拡大が求められている」、『金融財政事情』、第五四巻第九号、二〇〇三年三月三日、二二ページ。
44 『朝日新聞』二〇〇三年一月二三日。
45 『日本経済新聞』二〇〇三年三月一五日。
46 『日本経済新聞』二〇一三年一月二三日。
47 日本銀行調査局編（一九六八）『日本金融史資料（昭和編）』第二〇巻、六四四ページ。
48 日本銀行金融研究所編（二〇〇〇）『新しい日本銀行』有斐閣。
49 日銀による国債の直接引受の歴史的な検討は、山田博文（一九九〇）『国債管理の構造分析』「第二章国債消化における三位一体的構造」五七‐六九ページ、を参照されたい。
50 『日本経済新聞』二〇〇四年二月七日。
51 『朝日新聞』二〇一三年四月五日。
52 日本銀行金融研究所編、前掲書、四九―五〇ページ。
53 内閣府編（二〇〇二）七三ページ。
54 櫨浩一・矢嶋康次「日銀は国債バブルの膨張を回避せよ」、『金融ビジネス』、No.222、二〇〇三年九月、九〇ページ。
55 以下、日本銀行『金融システムレポート』二〇一一年一〇月、『週刊ダイヤモンド』二〇一一年一一月五日など。
56 財務省（二〇一二）『債務管理リポート』一五一ページ。
57 国債問題取材班「国債暴落の影」、『日経公社債情報』、No.1319、二〇〇二年一月、一〇―一一ページ、野村総合研究所『公社債要覧』一九九〇年版、一九九〇年、二九五ページ、同書、二〇〇〇年版、二〇〇〇年、二六九ページ。

58 『朝日新聞』二〇〇〇年三月八日、ほかに、「(特集) 短期金融市場は死んだ? 日銀当座預金三〇兆円の重圧で喪失する市場機能」『金融財政事情』、第五四巻第二八号、二〇〇三年七月二一日、一二—一九ページ。

59 宮尾龍蔵「銀行国債保有増でリスク」『日本経済新聞』二〇〇三年一二月二六日。

60 『朝日新聞』二〇〇二年六月二三日。

61 『朝日新聞』二〇〇三年二月八日。

62 『日本経済新聞』二〇〇三年一一月二八日、など各紙。

63 『朝日新聞』二〇〇三年一二月二六日。

64 大蔵省昭和財政史編集室編(一九五四)『昭和財政史』第六巻国債、五八六—五八七ページ。

65 『朝日新聞』二〇〇一年一一月二九日、二〇〇二年一月二八日、『日本経済新聞』、二〇〇二年六月一日、など。

66 大蔵省昭和財政史編集室編、前掲書、五九〇—五九一ページ。

第Ⅳ章

グローバル化する政府債務の危機

1　はじめに

二一世紀初頭において、なぜグローバル化した政府債務の危機が発生したのだろうか。

この問題は、なぜ各国政府の財政赤字が、二一世紀初頭において、ほぼ同時的に深刻化する事態を迎えることになったのか、とも言い換えることができる。

それは、二一世紀初頭において発生した世界恐慌・グローバル恐慌への各国政府の大規模の財政出動にある、といってよい。ここで、世界恐慌をあえてグローバル恐慌と表現するのは、今回の恐慌が、その規模、同時性、即時性などからみても、国境を越え、グローバル（地球的な規模）に発生しているからである。

このようなグローバル恐慌を誘発したのは、世界金融危機・経済危機の同時的な発生であり、各国の金融機関がほぼ同時的に経営危機に陥ったことにある。というのも、各国の金融機関は、自身で発生させたバブルの崩壊とリーマン・ショックによって価格の暴落したリスクの高い金融商品を大量に保有していたために、巨額の値下がり損を抱えこんでしまったからである。

銀行の経営危機と金融システムの動揺は、世界の経済取引が安定的に営まれるための金融インフラとも言える銀行の支払決済機能を麻痺させ、取引に大混乱を誘発する。また実体経済活動に不可欠の対企業貸付を抑え込み、貸し渋りを促すことで、企業倒産や不況をさらに深刻化させる。

このような事態に直面した各国政府は、銀行に対して大規模な公的資金を注入し、また実体経済に対しては、急場しのぎの大規模な不況対策を実施した。これらの財源は、国債を増発することで調達したので、バブル崩壊とリーマン・ショック後、短期間に各国の政府債務が膨張することになった。

このようにして膨張し、累積した政府債務が、政府の利払いの遅延（リスケジュール）、さらに国によっては債務の不履行（デフォルト）の懸念まで誘発させることになったのは、政府債務の規模が償還不能なまでに巨額であったことに加えて、止まるところのない金融市場の不安定化と経済の先行き不安である。

金融市場の不安定化と経済の先行き不安を再生産する基本的な背景は、アメリカのウォール街に主導されるカジノ型金融資本主義ともいうべき近年の世界経済の変容、すなわち、短期的な利益を求める過剰なマネーのグローバルな投機的行動が、各国の金利、金融商品価格、為替相場の乱高下を引き起こし、バブル経済の膨張と崩壊を誘発することで、実体経済までも混乱に陥れてしまう傾向にある。

他方において、各国政府の発行する国債は、租税を担保にした格付の高い金融商品であるため、内外の金融機関・投資家にとって、むしろ過剰なマネーの安全な投資先と見なされ、巨大な市場が形成されてきた。膨張する政府債務は、政府保証の金融ビジネスのチャンスを拡大した。

天文学的な規模にまで膨張した国債市場が意味しているのは、政府の債権者になった金融機関・投資家による政府保証の金融ビジネスと利益の拡大であり、他方において、政府の債権者のために、世代を超えて長年にわたって借金を支払わなければならない、たとえば日本国民の「一億総債務者」への転落、といった事態である。

2 金融危機から実体経済の危機へ――深刻化するグローバル恐慌

周知のように、リーマン・ショック（二〇〇八年九月）とは、世界金融危機・経済危機の引き金となった全米第四位（当時）の大手投資銀行リーマン・ブラザーズの経営破綻とその後の金融市場の大混乱を意味する。リーマン・ブラザーズの経営破綻は、すぐにアメリカの大手金融機関の連鎖的な経営危機を誘発し、戦後の国際金融センター・ニューヨークにおける金融システム不安、金融市場の混乱と機能麻痺を顕在化させた。その結果、アメリカだけでなく、世界の主要諸国における金融危機と経済危機を誘発することになった。

リーマン・ブラザーズの経営破綻は、支払い能力の低い住民を巻きこんだ高金利の住宅担保貸付（サブプライムローン）、それを証券化した金融商品（リーマン・ブラザーズは、自ら証券化金融商品の組成と販売を主導した投資銀行でもある）を大量に保有していたので、住宅バブルが崩壊したことによって、証券化金融商品の価格も暴落し、その結果、巨額の損失を抱えこんだからである。

リーマン・ブラザーズを経営破綻に追い込んだこのような証券化金融商品は、世界中の金融機関・投資家に販売されていたので、世界中の金融機関・投資家が同じように巨額の損失を抱えこみ、経営破綻に陥った。各国政府は、相次いで公的資金を投入し、金融機関の資本を増強し、損失を補償し、また金融機関のM&Aや公的な管理に踏み切ったが、金融危機は実体経済に波及し、各国で企業倒産がつづき、失業が増大し、深刻な不況が広がっていった。

リーマン・ショックが引き金となった金融危機・経済危機が、世界各国の実体経済に与えた影響について確認しておこう。各国の実質GDP成長率を見ると、住宅バブルの崩壊によってリーマン・ショック直前から各国はマイナス成長に入っているが、とくに直後の二〇〇八年第Ⅳ四半期には、年率一〇%前後の経済成長を続けている新興国の中国とインドを例外にして、世界各国は同時に大幅の落ち込みを見せている。最大の落ち込みを見せた国は外需に依存した経済成長を続ける韓国（マイナス一七・三%）、そして日本（マイナス一二・二%）であるが、アメリカ（マイナス八・九%）、イギリス（マイナス八・一%）、ドイツ（マイナス七・九%）においても深刻な不況に突入していることがわかる。EU二七カ国の平均成長率も、マイナス七・〇%を記録している。経済成長の落ち込みとともに、各国の失業率も、リーマン・ショックの翌二〇〇九年には、同時に上昇している。ユーロ圏の失業率は、二桁台に張り付いたままであり、失業問題が深刻化し、たとえばスペインの失業率は二五%に達している。

このような深刻な事態は、一九三〇年代の世界恐慌以来の出来事であり、しかもほとんど同時的といってよい急激な成長率の落ち込みは一九三〇年代には見られなかった事態であり、それは近年の情報通信技術に支えられたグローバル経済の情報伝達の即時性によるものでもあろう。

なお、これに対して、新興国のＢＲＩＣｓ（中国・ロシア・インド・ブラジル）諸国などは、ロシアを除いて、急激なマイナス成長になることはなく、とくに中国・インドはプラス一〇％前後の高度経済成長を継続している。ただ、新興諸国の経済成長にとって大口の市場を提供してきた主要国の経済不況は、新興諸国にとっての外需を縮小させ、その後の経済成長を下押し、成長率を鈍化させている。

このような世界大不況に襲われた各国は、いずれも大規模の景気対策を採用したが、そのための財源は、すぐにでも市場から財政資金調達を行うことのできる国債発行に依存することになり、各国は、ほぼ同時に、急激に政府債務（国債発行残高）を増大させていく。

3　暴落する金融資産と深刻化する損失・不良債権

バブル崩壊とリーマン・ショックの影響をすぐに反映する経済指標は、各種金融商品の価格、とりわけ株価である。モルガン・スタンレーの株価指数によれば、わずか一年間で、先進国の株価指数は、リーマン・ショック直前のピーク時からほぼ半分に落ち込み、新興諸国の株価指数にいたっては、三分の一にまで暴落している（図４-１）。

図４－１　リーマン・ショック前後の世界の株価の推移

（資料）Morgan Stanley
三井物産戦略研究所（2011）「欧州ソブリン債務危機の現状と展望」1ページより作成。

この点は、個別企業の株価でも確認される。たとえばわが国を代表するトヨタ自動車の株価は、リーマン・ショック前の六〇〇〇円台から三〇〇〇円台まで半減した。世界取引所連盟（ＷＦＥ）の集計によれば、世界の株式売買代金（月間）は、リーマン・ショック前の二〇〇八年一月にピークの一〇兆ドル超を記録して以後、暴落し、一年後にはほぼ半減し、直近の二〇一二年七月には、三・八兆ドルと三分の一近くにまで縮小している。[67]

株価の暴落と株式市場の低迷は、世界の投資家が価格変動リスクの大きい株式投資を避け、資金を引き揚げたことにもよるが、その基本的な背景には、今後の世界の景気や企業収益の成長に確信のもてない投資家心理が反映されている。

膨張する金融経済の代表的な指標であり、金融資産である世界の株式時価総額や売買代金が、わずか一年間で半減する事態は、株式を保有している世界中の投資家、企業、金融機関の保有資産価値が半値になることであり、巨額の損失を発生させた。

アメリカのＦＲＢの調査によれば、株式投資が貯蓄の最大の割合を占めるアメリカの家計の純資産（中央値）は、二〇〇七年から二〇一〇年までのわずか三年間で、一二万六四〇〇ドルから七万七三〇〇ドルへ、三八・八％も減価した。そのうえ、家計の実質所得は、四万九六〇〇ドルから四万五八〇〇ドルに減少し、家計部門の資金繰りが困難を増している。家計部門の所得の減退は消費不況を深刻化させる。

そして、株式・国債・証券化金融商品などの各種金融資産価格の暴落は、金融機関、とりわけ銀行の経営危機を誘発した。というのも、銀行こそ各種金融資産の最大の保有者であり、資産価格の暴落は、銀行に巨額の損失を与え、大量の不良債権を抱えこませることになったからである。

住宅バブルの崩壊からリーマン・ショックを経た二〇〇七年から二〇一〇年までの四年間で欧米の金融機関が抱えこんだ不良債権処理・証券評価損をみると、世界最大の銀行であるアメリカのシティグループが最大の一五四〇億ドルであり、第二位は同じくバンク・オブ・アメリカの一一二億ドルとなっている。次いで、イギリスの銀行の香港上海銀行（九〇〇億ドル）、ロイズ銀行（八〇七億ドル）などである。

これらの代表的な商業銀行は、銀行の伝統的な業務にあたる預金の受入と貸付よりも、各種金融商品への投資と売買を優先的に展開し、預貸金利鞘よりも、売買差益や手数料収入を重視した経営に傾注してきたために、いったん金融資産の価格が暴落すると、それは経営危機に直結する影響を受けることになった。実際のところ、大きな損失を被ったのは、証券化金融商品への投資やハイリスクの自己売買を展開していた銀行の債券部門であった。全世界の大手金融機関が抱えこんだ損失額は、二〇一〇年現在で、一兆五〇〇〇億ドルに達する[68]、と見込まれている。

4　公的資金を動員した不良債権処理対策

金融資産価格の暴落、不況の深刻化と企業倒産の増大などによって、各国の銀行の不良債権比率は、リーマン・ショック後に上昇傾向をたどってきた（図4-2）。欧米諸国においては、今後、一定の期間を費やして、不良債権比率を低下させ、銀行を健全経営に戻していくことになるであろうが、そのプロセスでは、さらに公的資金の投入などが行われ、それがまた政府債務を累増させる。

この点について、ジャック・アタリは、アメリカ政府の公的資金の導入、FRB（連邦準備制度理事会＝アメリカの中央銀行）の量的緩和と特別融資などによって、民間金融機関の債務が、次世代の納税者に移し替えられた、と指摘する。「FRBは、『腐った資産』を『健全な資産』と交換さ

図４－２　主要国の不良債権比率の推移
（リーマン・ショックを機に、不良債権比率は上昇傾向）

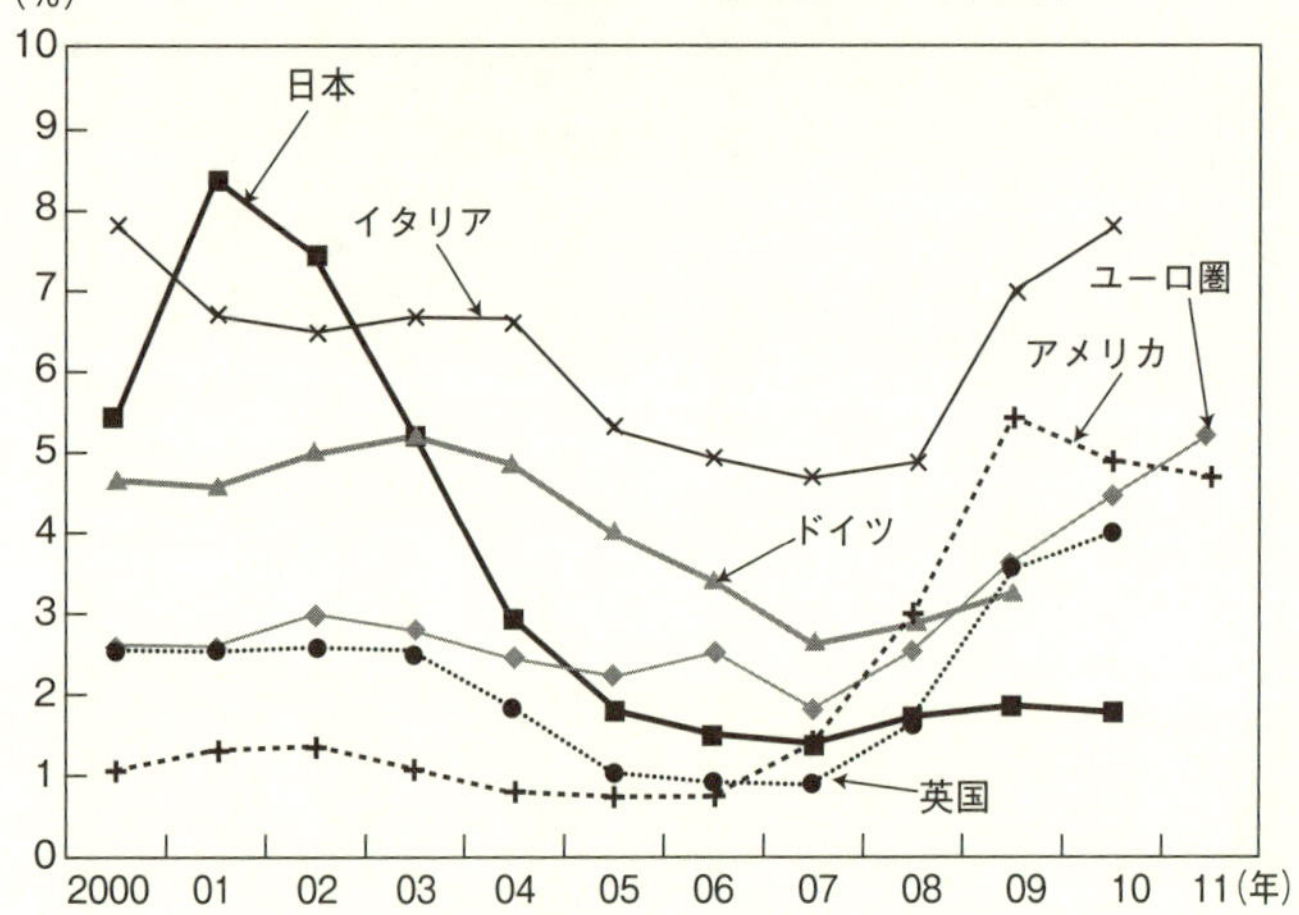

内閣府『平成 24 年度　年次経済財政報告（説明資料）』2012 年 7 月，267 ページより作成。

せた（いわゆる『リパーチェス取引』）。とくに、ゴールドマン・サックスやＪ・Ｐ・モルガンは、リーマン・ブラザーズを救済するためにＦＲＢから流動性を受け取ったが、実際には、Ｊ・Ｐ・モルガンは、リーマン・ブラザーズを破綻させ、ベア・サターンズを買収するために、この資金を利用した。……こうして、またしても、民間債務は、次世代の納税者に移し替えられた。二〇〇九年末、アメリカの金融システムには、およそ四兆ドルの損失が蓄積したが、この四分の三は連邦予算によってまかなわれた」[69]。民間金融機関の債務が政府債務に移し替えられ、結局、税金によって返済されることになったのである。

たしかに、個別銀行の経営危機が金融システム不安を誘発し、実体経済の膨大な経済取引に関係する銀行の支払決済機能が麻痺するならば、預金口座のグローバルなネットワークを利用した資金の受払いが停止するので、各国経済だけでなく、グローバル経済が大混乱に陥ってしまう[70]。世界各国において各種の金融システム安定化策が実施されているが、その財源は、結局のところ、各国の国民の租税収入を最終的な担保としているので、将来、多様なルートで国民負担を増大させる。

欧米の銀行に先行して、一九九〇年代以降のバブル崩壊にともなう日本の銀行の不良債権処理などに投入された公的資金については、一九九三年から二〇一二年の二〇年間で、「国が預金者保護などに投入した公的資金は、大手行の資本注入分一一兆円を含めて四八兆円。一方で不良債権処理に費やした金額は一〇五兆円に上がる」[71]と評価されている（図4-3）。だが、民間銀行が不良債権を処理しやすいように、日本銀行の銀行救済的性格をもつ各種の金融政策や減税措置など間接的な公的負担はこの中に含まれていない[72]。

バブル経済とリーマン・ショックを誘発したカジノ型金融資本主義ともいうべき経済システムは、各種の規制緩和と小さな政府を主張する市場原理主義の経済システムであった。だが、そのような経済システムをフルに稼働させた結果が、世界金融危機・経済危機、さらには世紀単位のグローバル恐慌として表面化した。そのうえ、この経済システムは、企業倒産と大失業の痛手から脱出するため、莫大な公的資金に依存することになり、将来世代にも巨額の負担を強いる莫大な政府債務をもたらしてしまった。この点では、規制緩和と小さな政府を主張する市場原理主義の思想・政策とは、自ら否定したはずの公的資金に救済してもらい、より大きな政府と債務を誘

図４－３　金融危機への対応コストは膨大

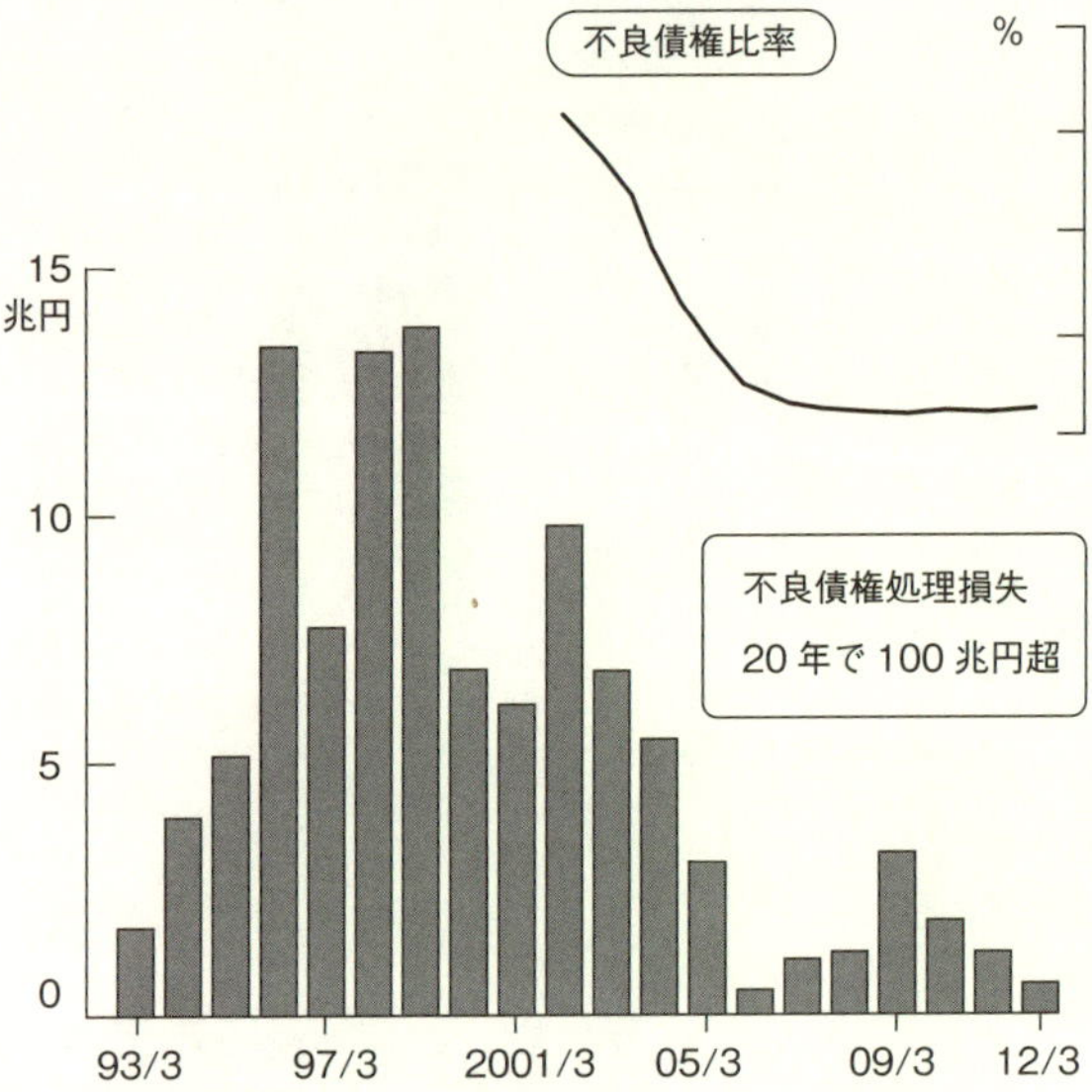

『日本経済新聞』2012年7月24日より作成。

発する自家撞着を犯しており、現実の経済結果の前に誤りであったことが証明された、といえる。

5　肥大化した金融経済と国債市場

リーマン・ショックを誘発したカジノ型金融資本主義の特徴は、財・サービスに直結した実体経済よりも、株価・金利・外国為替など各種の金融商品の取引が盛んになり、金融ビジネスに関係した金融経済が大きな影響をもつことになった資本主義経済である。しかも、各種の金融商品のなかでも、財政資金調達のために発行された政府の債務証書である国債が、安全で格付の高い金融商品として選好され、売買の対象となり、大口の市場に成長している。

マッキンゼー・グローバル・インスティテュート社によれば、二〇一〇年現在の世界の金融資産の合計額は、ほぼ二一二兆ドルに達し、世界のＧＤＰ合計額（約六〇兆ドル）の三・五倍にまで膨張している。[73] この比率は、二〇年前の一九九〇年には二・六倍であった。実体経済の規模を超えて膨張する金融資産規模は、各国における金融ビジネスの膨張、経済の金融化傾向の強まりを反映している。

アメリカ国内の企業利益全体に占める金融の比率は、一九八〇年に一八・八％であったが、二〇〇二年には四〇・二％まで拡大し、リーマン・ショックが起こった二〇〇八年に一〇・三％にまで縮小したが、その後すぐに回復し、二〇一一年には二九・四％を占めている。[74] 大手金融機関の破綻と金融危機を誘発したリーマン・ショック後でも、アメリカでは、国内利益のほぼ三割を金融ビジネスが稼ぎ出している。この点は、日本の企業にも妥当する。「主力企業、金融が収益源」との見出しで、新聞は、「金融事業を展開する主力企業四〇社では、一一年度の営業利益に占める金融の比率が二七％に達した」[75] との最近の調査結果を報道している（表４-１）。トヨタ自動車の場合、営業利益全体に占める自動車ローンなどの金融事業からの利益が八六％にも達している。

金融資産の規模や金融機関それ自体のビジネスだけでなく、個々の企業経営においても金融ビジネスが選好されることによって、現代経済の金融化は著しく進展してきており、金融経済が実

表4－1　主力企業、金融が収益源

社　　名	金融事業の営業利益（億円）	営業利益全体に占める構成比（%）	事業内容
トヨタ自動車	3,064	86	自動車ローン
ホンダ	1,700	73	自動車ローン
日産自動車	1,400	26	自動車ローン
ソニー	1,314	—	生損保、銀行
楽天	129	18	クレジットカード、銀行
セブン＆アイ・ホールディングス※	356	11	銀行、クレジットカード
イオン※	290	13	銀行、クレジットカード
三越伊勢丹ホールディングス※	40	16	クレジットカード
高島屋※	34	14	クレジットカード

（注）※は12年度見込み。楽天は11年12月期、そのほかは12年３月期、—は全体が赤字のため算出できず。
『日本経済新聞』2012年９月６日より作成。

体経済に大きな影響を与える経済構造が確立している。このような金融経済の主要な柱の一つとして機能しているのが、各国の国債市場にほかならない。

アメリカ・ウォール街を代表する巨大金融機関モルガン・スタンレー日本法人の報告書[76]は、「革命が起きるのは政治や科学の世界だけではありません。金融市場にも革命は起こりえます。実際、この二五年間に世界の債券市場に起きた変化は、革命と呼ぶにふさわしいと言えるでしょう」と指摘し、債券市場、とりわけ、各国政府によって発行される国債市場について、「過去二五年間の債券市場における主要テーマは、国債市場の高騰でした」と指摘し、世界の国債市場に注目している。

実際、この二五年間の世界各国の国債発

図４－４　世界の国債発行残高の国別内訳
（2011 年第２四半期現在）

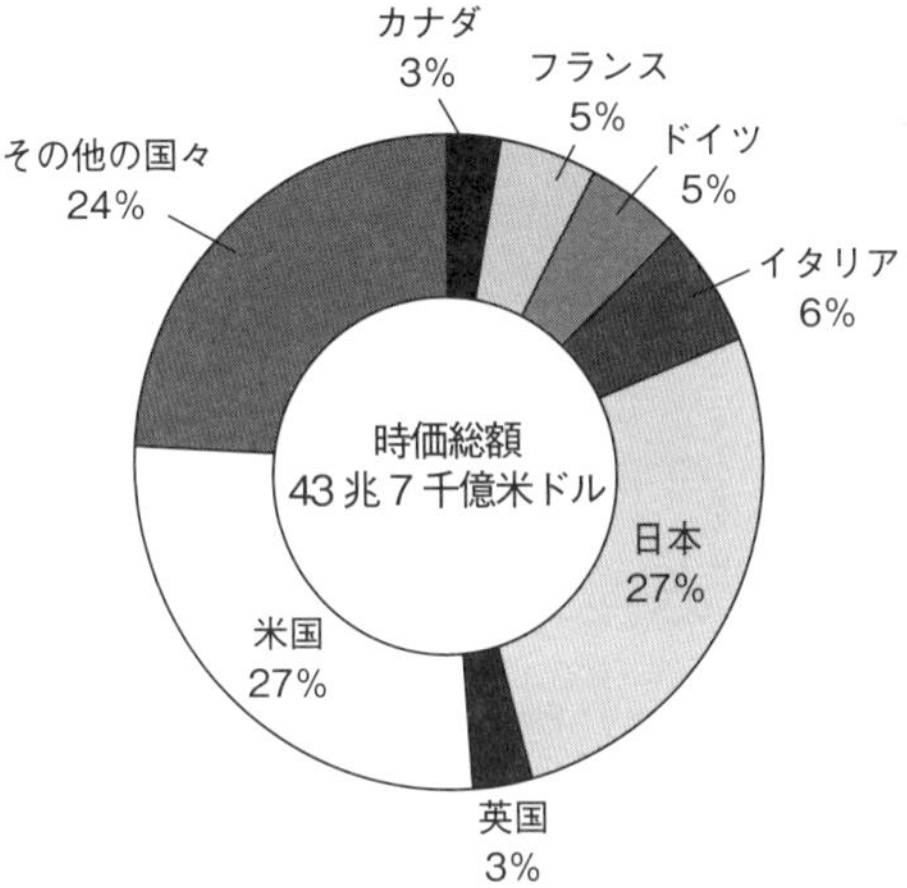

Morgan Stanley『フラッシュ・レポート』2012 年７月，５ページより作成。

行残高は、著しく増大し、たとえば一九九三年の一〇兆四〇〇〇億ドルから、二〇一一年には四三兆七〇〇〇億ドル（図４－４）になった。そして、世界の国債発行残高で最大のシェアを占めているのは、日本とアメリカであり、ともに二七％に達している。

では、モルガン・スタンレー日本法人は、この巨大な国債市場からどれだけの収益を上げているのか、それは（表４－２）に示される。最も高い年間平均収益率は、イギリスの国債八・八九％、次いでアメリカの国債七・三五％であり、日本国債からも四％の収益をあげている。日本国債の利回りがここ一〇年以上一％前後の情勢下で、モルガン・スタンレー日本法人が稼ぎ出す四％という収益率の高さは、尋常ではない。このように、各国の国債市場は、多国籍的な金融機関の有力な収益源泉になっている。

表4－2　1988～2011年の資産クラス別現地通貨建て年間収益率

資産クラス	年間平均収益率(%)
米国債	7.35
英国債	8.89
ドイツ国債	6.43
日本国債	4.00
米国投資適格社債	8.11
米国ハイイールド社債	9.91
米国モーゲージ債	7.57
S&P500	10.98
FTSE100	10.49
DAX30	11.02
日経225	－0.99

Morgan Stanley『フラッシュ・レポート』2012年7月、4ページより作成。

6　国債市場をめぐる金融機関と政府の関係

民間の債券や株式と比較しても、発行ロットも大きく、格付も高く、流動性も高い各国の国債は、内外のマネーの受け皿として最も適合的な金融商品であり、現代の金融機関・投資家にとっての有力な収益源泉にほかならない。実際のところ、日本の三メガバンクは、業務利益のほぼ二割を国債売買差益によって稼ぎ出している。

各国政府の発行する国債は、グローバルな規模で利殖先を求める内外のマネーにとって、不可欠の金融商品になっている。各国政府にとっても、国債内外のマネーが国債市場に流入することは、国債の市中消化基盤が拡大され、低い国債金利によって財政資金を調達できる。この点では、現代の金融機関と各国政府とは、一定の共通した利害関係をもつことになった。このような金融機関と政府との利害関係は、戦後の各国の国債増発を促した有力な背景であった。

各国において累積した国債が、金融ビジネスの基盤を拡張し、金融経済を肥大化させてきた。政府の債務である国債が、利子と売買差益をもたらす資本として機能し、しかもその規模をますます拡大してきた。

歴史を振り返ると、各国において国債が増発され、累積したのは、戦時下において、膨大な軍事予算を国債発行によって調達したからであった。国債累積の背景には、戦争があった（図4-5）。近年では、第一次世界大戦（一九一四―一九二〇年）と第二次世界大戦（一九三九―一九四五年）における軍事国債の増発であった。

だが、第二次世界大戦後の各国では、世界の軍事費のほぼ四割を占めるアメリカを例外として、軍事予算の拡大が国債の累積をもたらしたのではない。日本の場合には、経済成長を最優先させ、大型公共事業予算を国債発行に求めたことなどが国債残高を膨張させた主要な要因となった。さらに、一九九〇年代半ば以降の短期間での異常な国債の累積は、バブル崩壊後不良債権を抱えた銀行救済のための大規模な公的資金の投入であり、また大型予算を組んだ景気対策・大型公共事業が行われたことである。これは、リーマン・ショック後の各国政府の先行事例となり、欧米諸国は、バブル崩壊後の日本同様、急速に国債を累積しはじめた。

だが、国債増発の背景がいかなるものであっても、国債は政府が元利払いを保証する金融商品

図４－５　各国の政府債務の対GDP比の推移
（1880－2009年）

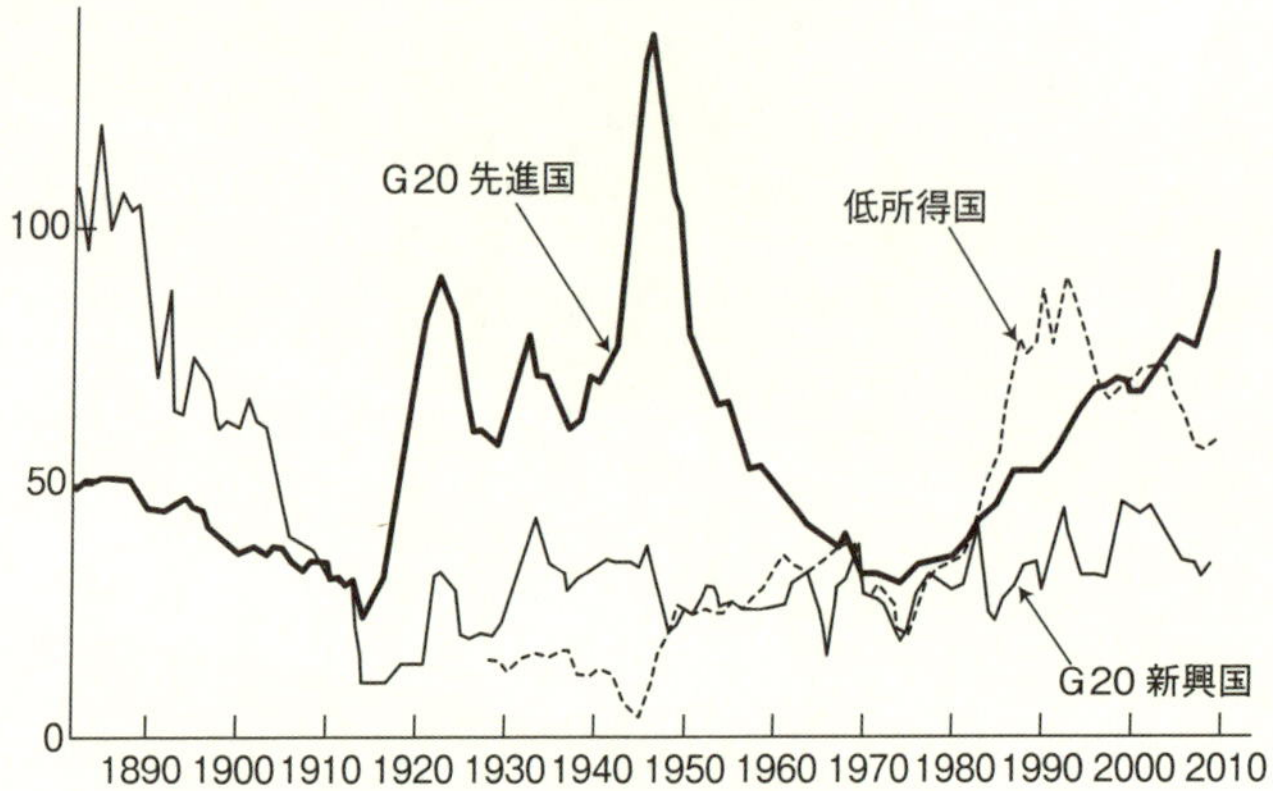

IMF Working Paper (2010) "A Historical Public Debt Database" p.11, より作成。

であることに変わりなく、内外のマネーの投資対象でありつづける。先行き不安が高まれば高まるほど、国債市場は、より安全な投資先を求めて株式市場などから逃避したマネーの受け皿となり、むしろバブル市場化する傾向すらみせてきた。

その結果、巨大な国債市場をもつ各国の金融経済は、実物経済の規模を上回り、その影響力はますます増大する。一〇年物国債金利は、各国の長期金利の基軸金利であり、国債価格の上昇（金利低下）は、低金利の長期ローン・住宅ローンなどを提供する一方、国債価格の下落（金利上昇）は、各種の長期金利を引き上げ、家計や企業の金利負担を増大させ、景気の足を引っ張る効果を発揮する。

生活や生産に直結した財・サービスの生産と消費は、各種金利、株価、円・ドル・ユーロといった外国為替相場の変動など、金融経済の各種相場の乱高下に翻弄され、ますます不安定化していく。「ウォール・ストリート」が「メイン・ストリート」を振り回し、混乱に陥れる。そのたびに、さまざまな景気対策が実施され、その財源調達のために国債が発行され、利殖を求める内外のマネーの受け皿として国債市場が膨張し、政府と納税者にとっては元本の償還と利払いのための政府債務が増大する、といった悪循環が繰り返される。

7　ウォール街の財政支配と民営化株式

国債を増発し、巨額の債務を抱えこんでしまった政府は、債権者になった金融機関・投資家の利益を反映した財政運営や予算編成を強いられ、国庫の赤字を補塡する新しいビジネスも立ち上がる。国有資産を民営化株式として売却し、その売却収入金で財政赤字を穴埋めする政府の株式ビジネスは、アメリカのウォール街の巨大な投資銀行を頂点にした各国の証券会社によって担われ、推進されてきた。

世界各国で急転回する民営化は、地球的な規模でビジネスを展開するアメリカの多国籍的な大手投資銀行を頂点にしたイギリス・フランス・日本など各国の大手証券会社にとって、証券ビジネスの「金鉱脈」となった。各国政府は、民営化株式の売出を、大手証券会社の証券引受業務に依存することになり、証券会社にとっては、「民営化の金鉱脈を追跡することは、『われわれが成しうることのなかで、最も重要なこと』」[77]であった。

「地球的規模で進む国家の『切り売り』」は、多国籍的な巨大証券会社と株式市場の動向に左右される。各国政府が民営化を推進しようとしても、株式市場に資金が不足したり、株式投資家（とくにアメリカの機関投資家）の投資意欲を満足させなければ不可能であり、また大手証券会社の株式引受業務に依存することなくして不可能になる。

前述したように、日本のNTT株の売出にあたっての、東京株式市場の動向と国庫の資金繰りとの連動関係（「株価連動型財政システム」）を指摘したように、ここにおいて、民営化を推進する各国政府の国庫の資金繰りは、自国ないし海外の株式市場の動向と連動関係をもつ、といった局面が到来している。

この点について、アメリカの『Newsweek』誌では、「国家予算と資本市場の両方とも手綱をとれなくなった先進国の大統領や首相は、財政引き締めを余儀なくされている。そのために……世界をまたにかける民間の機関投資家が影響力を強化し、各国政府の政策の優先順位を整理し直している[78]」と指摘する。

こうして、民営化を推進しようとする各国政府は、いまや、株式市場の動向に振り回されることになる。だが、いうまでもなく、民営化株式の買い手である各国の金融機関や大口投資家たちは、資本本来の利潤追求に最も長けており、高度の金融テクノロジーを駆使して各国の株式・債券・金利・為替相場などに攻撃的な取引を仕掛けながら、グローバルな規模で国際金融市場をかけめぐっている。

このような「資本の論理」は、冷酷である。この点について、『Newsweek』誌の以下の指摘は、正鵠を射る。すなわち、「市場の強制力は、無邪気なほど無慈悲になることができる。弱者は容赦なく切り捨てるのが資本の論理だから、弱者や低所得者に優しい国に、資本は寄りつかない。富裕層に高税を課せば、資本は逃げていくから、貧富の差はますます広がる一方であろう」[79]。

「財政の論理」と「資本の論理」とは、明らかに異質の論理にほかならない。一国の国民生活や社会生活の安定を確保しなければならない「財政の論理」を、利潤追求一辺倒の「資本の論理」に還元することはできないはずである。だが、民営化にともなう政府保有株の売却は、国内ないし海外の株式市場の動向と投資家の投資意欲を反映させることによってはじめて可能になる[80]。いうまでもなく、投資家の投資目的は、弱者や低所得層への社会保障や福祉の充実といった、「資本の論理」から最もかけ離れた「採算の合わない分野」と鋭く対立することになる。

国有資産の売却は、各国政府保有株の売出として、国内ないし海外の株式市場において展開されるので、各国の国庫の資金繰りは、国内ないし海外の株式市場の相場動向によって牽制されることになり、「株価連動型財政システム」ともいうべき局面が到来した。また政府保有株の売出にあたって、アメリカの多国籍的巨大証券会社などが、株式引受業務を一手に担うことになるので、これらの巨大証券会社に莫大な手数料収入をもたらすだけでなく、大口の政府保有株を購入し、国際金融・証券市場において影響力を強化する。

こうして、民営化を契機として、自国の政策の決定権が、多国籍企業の資本の論理によって制限されるような事態が訪れている、といえる。

『In The Public Interest? ——Privatisation and Public Sector Reform』の著者ブレンダン・マーティン氏も、「民営化の主要な脅威」とは、「民営化が、将来の市民の福祉を形作る社会や国家の役割を、世界市場や強力な権力の手に委ねてしまうことにある」[81]と指摘している。

この点を考慮すると、民営化に踏み出した国々、またこれから踏み出そうとする国々は、今後とも、こうした国民生活や社会生活に関係した「財政の論理」と利潤追及一辺倒の「資本の論理」との厳しい対立と矛盾のなかで翻弄される。

8 金融危機・財政危機・経済危機の相互作用

現代日本の国債市場は、その売買高や価格（国債利回り）をみても、歴史的にも例のないようなバブル市場の様相を見せている。実体経済から乖離したバブルは、何かのきっかけで崩壊する。金融商品としての国債市場の規模は巨大であり、財政のあり方や経済社会に対しても大きな影響を与える市場にほかならない。

では、国債バブルなど、各種の資産バブルが崩壊した場合、関係する領域にどのような影響を与えることになるのか、それをチャートでスケッチしておこう（図4-6）。

図４－６　金融危機・財政危機・経済危機のチャート

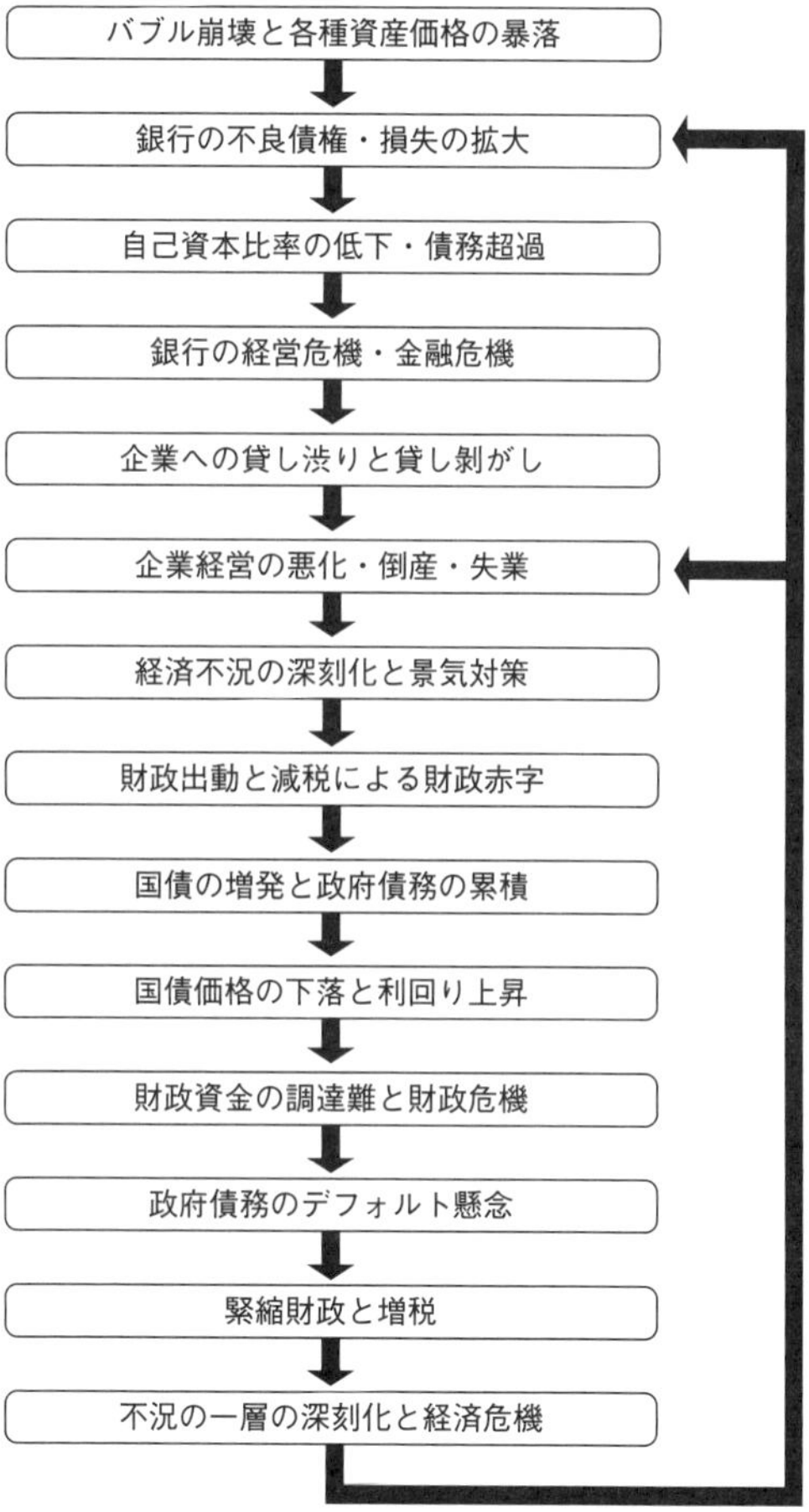

見られるように、金融危機・財政危機・経済危機は相互に作用しながら進展する。その結果は、結局のところ国民経済に過大なリスクを拡散・浸透させ、国民生活に過重な負担をかけ、経済社会を不安定化する。

カジノ型金融資本主義の特徴は、株式、住宅、不動産、資源、商品などの価格の暴騰と暴落、つまりバブル経済の膨張と崩壊を繰り返すことにある。[82]それは、カジノ型金融資本主義を成立させている主要な目的と動機が、時間と空間の制限を受ける財・サービスの生産と販売よりも、コンピュータのグローバルなネットワークを利用し、情報通信革命と金融工学の最新技術を駆使して、あらゆる商品の価格や金利・相場の変動を利用して、グローバルな規模で、瞬時に、攻撃的に利益（売買差益）を追求することにあるからである。

現代の金融機関と大口投資家は、バブルの膨張と崩壊のプロセスのなかで、巨額の売買差益を追求し、実現する。かりに、予測を誤り、投資に失敗し、自ら経営破綻の危機に陥ったときは、「大きすぎてつぶせない（Too big to fail）」、つまり破綻したら経済自体が大混乱になると主張し、政府から巨額の公的資金と各種の支援策を引き出してきた。

前政権下で四％に隠蔽されていた財政赤字の対ＧＤＰ比が実際には一三％を上回っていたことをきっかけにしたギリシアの財政危機（二〇〇九年一二月）は、すぐにポルトガル、アイルランド、さらにはスペインやイタリアの財政危機を誘発し、これらの南欧諸国の国債利回りは相次いで暴騰（国債価格は暴落）する。一〇年物国債利回りは、ギリシアでは三五％にも達し、またポルトガルやアイルランドも一五％前後にまで暴騰した。

国債利回りの暴騰は、すぐに新規の国債発行金利に反映されるので、これらの国は、一〇年物国債を発行するには、一五―三五％もの利子を投資家に支払わなければならなくなり、あまりにも高い国債利払い負担に耐えられなくなり、国債発行による財政資金調達が不可能になり、財政は破綻する。すると、国債に投資していた投資家層は、利払いの延滞、さらには元本の償還も危うくなる政府債務の危機に直面する。ギリシアの場合、国債元本の七三％の支払いが停止された。

南欧諸国の発行した国債への最大の投資家はユーロ圏の銀行であるため、国債価格の暴落は、銀行の経営危機を招き、対外貸付の大幅縮小、貸し渋りを誘発した。この点について、内閣府も、「二〇一一年後半の欧州政府債務危機の深刻化により、危機の震源地である南欧諸国等に対する債権（貸出や国債等）が大きいユーロ圏銀行に対する懸念が強まった。ユーロ圏銀行は、資金調達環境が悪化する中、国内向け与信（貸付のこと）だけではなく、国外向け与信を圧縮し、その動きは地理的に近い中東欧向け与信はもちろん、アジアや中南米向けにまで及んだ[83]」と指摘する。つまり、ギリシアに始まった欧州政府債務危機は、銀行の信用収縮を介して、二〇〇八年のリーマン・ショック後の世界経済の不況を再び深刻化させることになった。

政府債務危機に陥った国では、国民生活が直撃される。それは、各種の増税、公的サービスの切り下げ、賃金カットと失業率の増大に示される。二〇一二年一一月現在で見ると、ＥＵ二七カ国の失業率の平均は、一一・八％と過去最高を記録した。スペインの失業率は、二六・六％、なかでも二五歳未満の若者層の失業率は五六・五％を記録し、若者の二人に一人が失業状態にある[84]。他に、ギリシア二六・〇％、ポルトガル一六・三％、アイルランド一四・六％、ときわめて高い失業率を記録している。ＩＭＦの予測によれば、これらの国々では、五年後の二〇一七年まで、ほぼ同水準の高い失業率がつづく[85]。

9　政府債務危機の帰結と教訓

ＩＭＦは、世界各国の財政赤字と政府債務の対ＧＤＰ比は今後とも増大していくとして、以下のように指摘する。「先進経済における債務の対ＧＤＰ比率の平均は、次の二年間に上昇し続けると見込まれているが（二〇一三年には平均してＧＤＰ比約一一〇％を超える）、その間に先進経済の数カ国においては、債務比率がピークに達するだろう[86]」。この指摘にある「先進経済の数カ国」のなかには、対ＧＤＰ比で二〇〇％を超えた日本の政府債務が含まれている。

では、過剰な政府債務は、どのような帰結をもたらすことになるのか、この点について、『国家債務危機――ソブリン・クライシスにいかに対処すべきか？』の著者ジャック・アタリは、各国の歴史を振り返りながら、以下のように指摘する。

「過剰な公的債務に対する解決策は、これまで八つ存在する。そして現在も、その八つが存在する。増税、歳出削減、経済成長、低金利、インフレ、戦争、外資導入、デフォルトである。これらの戦略のなかで、インフレは頻繁に利用される」[87]。

インフレを利用して公的債務の負担を軽減させようとする「解決策」は、ゼロ金利・量的金融緩和政策といった超金融緩和政策を強引に推進する現代日本にその典型的な姿をみることができる。歴史的に見ても、世界大戦下のドイツや日本の過剰な政府債務は、終戦直後のハイパーインフレ（物価がドイツでは第一次大戦後一兆倍、日本では第二次大戦後三〇〇倍に暴騰）によって、債務負担を事実上激減させるやり方で「解決」されたが、国民の生活は破壊された。

インフレ以外の「解決策」として、近年のわが国では、消費税増税が実施され、国民生活は困難を増し、またゼロ金利・量的金融緩和政策といった超低金利政策によって、家計部門の利子所得は著しく減額されてきた。参議院予算委員会調査室の試算（図4-7）によれば、超低金利政策のために、家計部門が失った純利子所得（預貯金などの受取利子マイナス住宅ローンなどの軽減利子）は、一九九一年から二〇〇五年の期間でさえ、二四九兆円に達している[88]。家計部門からこれだけ巨額の利子総額が失われたことは、家計部門の購買力を弱体化させ、個人消費を萎縮させることで、不況を深刻化させている。

ここでジャック・アタリは指摘していないが、国民の貯蓄を強制的に国家が取りあげてしまう「預金封鎖」は、戦後直後の日本でも実施され、また最近のキプロス共和国でも実施された。預金封鎖とは、財政破綻に陥った政府が、国民の主要な貯蓄である銀行預金を封鎖し、預金者が自

図４－７　超低金利政策により家計部門の失った純利子所得

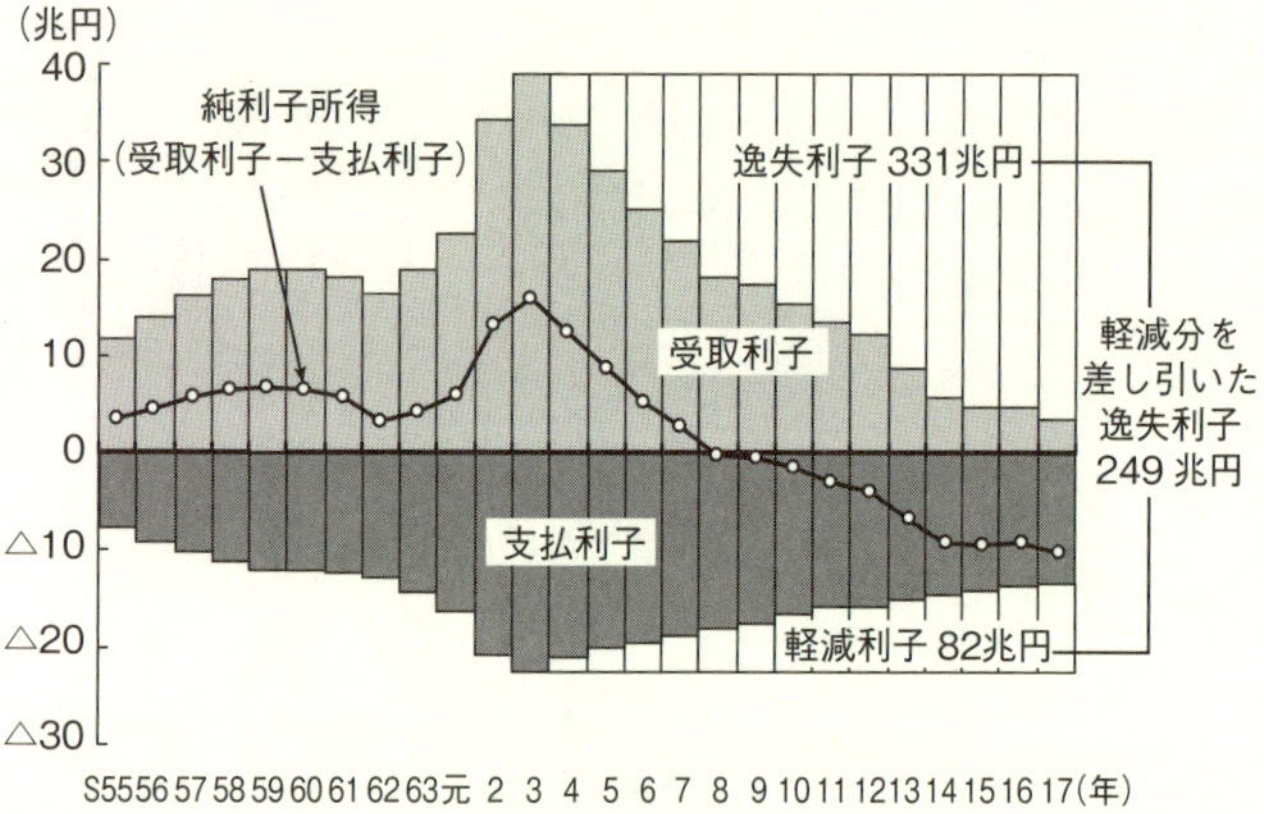

参議院予算委員会調査室作成資料『経済のプリズム』第40号、2007年4月、3ページより作成。

由に預金を引き出すことができないようにしておいてから、その預金に対して課税し、税収を確保することである。

地中海に浮かぶ人口一〇〇万人ほどの小さな島国であるキプロス共和国は、二〇一三年三月一六日、銀行預金に課税するため預金封鎖を行い、預金口座からの引き出しを凍結し、ネット上での資金移動も制限した。それは、欧州連合（EU）がキプロス共和国への一〇〇億ユーロの財政支援の条件としてキプロスにも五八億ユーロの負担を求め、キプロス政府がその財源を銀行預金への課税に求めたことにある。キプロス共和国は、ヨーロッパの租税回避地（タックス・ヘイブン）として、海外から不透明な資金を含む巨額のマネーを集め（金融資産は国内総生産の七倍に達した）、このマネーを関係の深いギリシア国債などに投資していたが、ギリシアの財政破綻・国債暴落のあおりを受けてキプロスの銀行にも巨額の損失が発生し、金融危機を誘発したのである。

　預金者が預金通帳をもって預金を引き出そうと銀行に駆けつけたが、銀行の門は堅く閉まったままで、これに抗議して多くの預金者たちが銀行の門前で集会を開いている映像が世界中のメディアに配信された。銀行預金という一般的な国民の貯蓄の吐き出しで、銀行の救済と金融危機への対策が断行された[89]。これは、グローバル化した金融ビジネスの顛末を象徴する出来事であり、どの国でも発生する可能性がある。

　このような「解決策」に加えて、さらに強権的な「解決策」は、政府債務の不履行（デフォルト）である。この点について、ジャック・アタリは以下のように指摘する。「過剰債務に陥った国のほとんどは、最終的にデフォルトする。どの時代にでも、デフォルトが起きると考えたものはほとんどいない。しかしながら、ほとんどの主権国は、これまで、少なくとも一回はデフォルトを起こしている。一八〇〇年から二〇〇九年までに、対外デフォルトは二五〇回、国内デフォルトは六八回も起こっている[90]」。

　そして、「公的債務のデフォルトが発生すると、新たに発行する債権価値の低い証券との強制交換が行われるか、最悪の場合では、利息ならびに元本の返済の一時停止や永久停止といった措置がとられる。デフォルトの後には、不動産の価格は六年で平均三五％下落する。株式価値は三年半で三五％下落する。失業率は四年で七％増加する。生産高は二年で九％下落する。公的支出の恩恵を受けていた者は、デフォルト後の歳出削減プログラムによって、保護されなくなる。いかなるタイプのデフォルトであろうと、デフォルトが起こると、資本市場から一時的に退場を命じられ、借り入れなしで生き延びなければならない[91]」。

資本市場からの退場とは、国債発行による財政資金調達が不可能になることを意味するので、その分の増税もしくは歳出削減を強要される。問題は、増税のターゲットが国民諸階層に向けられたことであり、また歳出削減のターゲットも、国民生活に直結する社会保障や福祉、医療、年金、教育など、公共サービスに関係する予算に向けられたことである。その結果、税や保険料などの国民負担が増大し、生活が困窮化する歴史が繰り返されてきた。

注

67 『日本経済新聞』二〇一二年八月三〇日。

68 日本証券経済研究所（二〇一二）『ヨーロッパの証券市場二〇一二年版』二二八ページ。

69 ジャック・アタリ（二〇一一）『国家債務危機』一四九ページ。

70 銀行の支払決済機能を維持することが銀行への公的資金の投入の大義名分となっているが、一面で、それは銀行の経営責任を曖昧にした銀行救済策である、との評価も成立する。というのも、巨額の公的資金を受け取った銀行の経営者が反省もなく数十億のボーナスを受け取っているからである。この点への抗議運動が欧米の主要都市に広がった「Occupy Wall Street.」（詳しくは、山田博文（二〇一二）『99％のための経済学入門』）、またToo Big to Fail政策への批判（詳しくは、米田貢（二〇〇七）『現代日本の金融危機管理体制』）であり、ことあるごとに表面化するアメリカ議会での「大銀行解体論」（最近の例は『日本経済新聞』二〇一二年八月三一日）である。

71 『日本経済新聞』二〇一二年七月二四日。
72 この点について、より詳しくは山田博文（二〇〇五）『これならわかる金融経済（第二版）』、とくに「Chapter7 現代日本の金融政策を読み解く」及び米田貢（二〇〇七）前掲書を参照されたい。
73 McKinsey Global Institute.“Global financial assets”, *The Economist*, Jul. 30th 2011, from the print edition.
74 『日本経済新聞』二〇一二年八月六日。
75 『日本経済新聞』二〇一二年九月六日。
76 Morgan Stanley『フラッシュ・レポート』二〇一二年七月。
77 Stewart Toy, John Rossant, Julia Flynn, Europe for sale A privatization drive could raise $150 billion, op. cit., pp.14-15.
78 Michael Hirsh, Capital Wars, Newsweek, Oct. 3, 1994, pp.43-44.
79 Ibid., pp.44-45. 同誌、日本版、三四ページ。
80 近年の動向は、‘A Survey of Investment Management, The Economist, Nov. 27, 1993’を参照されたい。
81 Brendan Martin（1993）, p.147.
82 バブル経済はなぜ繰り返されるのか、といった問題に一定の回答を与えているのが、山口義行編（二〇〇九）『バブル・リレー』岩波書店である。
83 内閣府（二〇一二）『世界経済の潮流二〇一二―I』一三ページ。
84 EU統計局の発表など。同時期の主要国の失業率は、日本四・一%、アメリカ七・七%、ドイツ五・五%、フランス九・九%、イギリス七・八%、であった。
85 IMF（2012a）World Economic Outlook Database, Apr.
86 IMF（2012b）Fiscal Monitor, Jul. 16, p.5.
87 ジャック・アタリ（二〇一一）前掲書、一七五ページ。

88 参議院予算委員会調査室作成資料（二〇〇七）三ページ。詳しくは、山田博文（二〇一二）『99％のための経済学入門』、とくに「七 『金融』は世の中を豊かにしたのか」を参照されたい。
89 『日本経済新聞』二〇一三年三月二六日など、各紙。
90 ジャック・アタリ、前掲書、一七六ページ。
91 ジャック・アタリ、前掲書、一七七―一七八ページ。

第V章

一億総債務者と債務大国からの脱却

1　私たちはなぜ「借金人間」・債務者になるのか

自国の経済規模の二倍もの政府債務を抱えこんだ日本国民は、新生児を含め一人当たり一〇〇〇万円ほどの国家の借金を背負い込んだ「借金人間」であり、国民は、「一億総債務者」である、といっても実感はない。とくに、選挙権もない若い人たちからすれば、自分たちは国会でこんなにも膨大な国債の発行を議決する議員を選んだ覚えはない、それなのに、なぜ一〇〇〇万円もの借金を返さなければならないのか、といった率直な疑問がでてくる。

アメリカ国民は、連邦政府の公的な借金だけでなく、家も、クルマも、日々の買い物も借金（クレジット）に依存する経済生活を送っていた。貯蓄率がマイナスのアメリカは、借金をして消費生活をしている。アメリカ国民は、私的な「借金人間」であったが、住宅バブルの崩壊と二〇〇八年九月のリーマン・ショックによって破産し、その家は住宅ローンを貸してくれた債権者の金融機関に取りあげられ、家を失った。

借金をすること、債務者になることは、どのような背景と意味をもっているのだろうか。この点について、社会学者のマウリツィオ・ツァラートは、最近、以下のように指摘する。

すなわち、「私たちは、借金しているのではなく、金融資本主義によって、借金させられているのだ！　……〝債権者／債務者〟関係は、搾取と支配のメカニズムやさまざまな関係性を横断して強化する。なぜならこの関係は、労働者／失業者、消費者／生産者、就業者／非就業者、年金生活者／生活保護の受給者などの間に、いかなる区別も設けないからである。すべての人が〈債務者〉であり、資本に対して責任があり負い目があるのであって、資本はゆるぎなき債権者、普遍的な債権者として立ち現れる。……〝債権者／債務者〟関係は、資本の〝所有者〟と〝非所有者〟の間の力関係を表現しているからである[93]」。

資本主義という現代の経済は、資本を所有する金融機関や大口の投資家たちがその資本をさらに増やし、もっと利益を得ようとさまざまな経済活動を行っているが、その代表的な経済活動の一つが資本を貸し出し、利子というかたちの利益を得ることにある。資本を借りた個人・企業・政府などは債務者となり、資本を貸した債権者に利子を支払う義務を負う。

「〝利子〟という単純なメカニズムを通して、巨大な額のお金が、人々・企業・福祉国家から債権者の方に移転する[94]」。このようなしくみが整備され、フル回転しているのが、現代資本主義経済である、といってよい。

実体経済を何倍も上回るほどに蓄積された現代の資本（貨幣資本）は、個人や企業への少額の貸し出しだけでなく、政府を相手にした大規模の貸し出しにも対応できるようになり、一国の政府そのものが深刻な債務者に転落する時代がやってきた。

「各国政府が、銀行や保険会社、機関投資家に認めた巨大な金額は、今や納税者によって（株主や証券の買い手によってではなく）『償還』されなくてはならない。もっとも大きな負担が、賃金労働者、福祉国家の公的サービスの利用者、もっとも貧しい階層にのしかかろうとしている。銀行の損害を国家が引き受けた。つまり『公的なお金』によって銀行を救済したのである。……国家が救済しようとしたのは、実体経済の資金調達機能ではなくて、現代資本主義に特有の支配と搾取の装置なのである。皮肉にも、この搾取と支配の関係を再確立するためのコストを、とうの支配と搾取を被っている人々が支払うという構造になっているのである[95]」。

このような構造に組み込まれてしまった私たちは、住宅ローンなどの私的な債務の償還だけでなく、いつのまにか抱えこんでしまった膨大な政府債務も償還する「一億総債務者」になってしまった。債務者としての私たちの行動は、日常的には縛られることはなく、朝起きて、勤めに出て、休日には余暇を過ごすことができるが、月末やボーナス時期には、債権者に対してかなりの所得を持って行かれてしまう。このような債務の償還の年月を重ねると、世界や社会の動向に目を向け、主権者としてこの国のあり方を決めることよりも、自身の日々の借金の支払いをどうするのか、といったことに注意が向きがちになる。そして、自分たちは決めた覚えはないのに、いつのまにか莫大な政府債務を抱えこんでしまっていることに気づかされる。

2 「債務管理型国家」の構想

政府債務を増やすだけで、いっこうに経済的な安定が達成できない従来型の経済政策は、抜本的に見直す必要がある。

たしかに、メディアの支配的論調は、相も変わらず、財政再建か、経済成長か、といった二者択一の選択を論じている。だが、こうした問題の提起自体が誤りである、との主張は、いまなお有効である。たとえば、神野直彦・金子勝『財政崩壊を食い止める』（岩波書店、二〇〇〇年一一月）では、わが国の巨大債務は、もはや、「返済不可能」との基本認識に立って次のように提案する。消費税を現行の五％から三〇—四〇％に上げることなど不可能だし、歳出を数十兆円も削減することも不可能だし、爆発的なインフレによって債務を解消しようとしても社会的な混乱と生活苦を助長させることになるので、ことここにいたり、「債務管理型国家」を構想しない限り日本財政に未来はない。

ではどうすればいいのか、その答えは、「これ以上、財政赤字を増やさないが、すぐには財政赤字も返さないという政策である。つまり、一種の債務『凍結』に近い状態を作り出し、時期を限定せずに長期間で財政赤字を返済していくのだ」（同書、四二ページ）。社会経済にとって不可欠の財政の基本的な役割を維持しつつ、長期的な展望のもとに、債務の償還を実現していくには、こうした「債務管理型国家」構想は、一定の有効性をもつ。

3　金融取引税を導入し、金融投機を抑制する

各国の国債市場には内外のマネーが流入し、かつ流出し、そのたびに短期的な金融投機が繰り返され、市場を不安定化させている。国債市場は、長期金利の変動を誘発し、各国経済を不安定化させるので、国債市場を舞台にした金融投機を抑制するには、投機目的の金融取引に課税をすることが有効な手段となる。ロンドンのロイター通信によれば、とうとう欧州委員会は、金融取引税の導入を正式に提案したとして、二〇一三年二月一五日、以下のように報じている。

「欧州連合（ＥＵ）の行政執行機関、欧州委員会は一四日、来年一月から一一カ国で金融取引税を導入して、年間で最大三五〇億ユーロ（約四兆三四〇〇億円）の歳入を得る計画を正式に提案した。域内全域での導入に向けた一歩と位置づけた。

税率はデリバティブ（金融派生商品）取引に〇・〇一％、株式や債券は〇・一％となる。計画は一一カ国からの要請を受けた。……

欧州委員会のシェメタ委員（税制担当）は、域内の金融部門への課税が不十分の認識を表明。『（今回の計画が）ＥＵ共通の金融取引税に向けた最後の敷石となる』と述べた。

欧州委員会は、対象となる取引の八五％が金融会社間で行われるもので、仮に一部費用が消費者に転嫁されても負担は『不釣合い』でないと説明。『市民が一万ユーロで株式を購入しても、

取引にかかる税は一〇ユーロだけだ』と説明した。……

納税逃れを防ぐ方策も整えた。

一一カ国内で発行された金融商品に関する取引は、時期や場所を問わず課税されるとの『発行原則』を採用する。課税地域からロンドンなど域外へ取引が移ることを阻止することが狙いだ。

また、取引主体が課税地域に拠点を構えたり、地域内に拠点を置く主体の代わりに取引を行ったりする場合、取引の場所を問わず課税されるとする原則を強化した」[92]。

金融取引税（別名「トービン税」）は、価格や金利の変動を利用し、利益を上げようとする投機目的の金融取引を抑制するために、低率の課税をすることである。実体経済を上回って膨張し、財・サービスの生産とは無関係に金融的な利益だけを追求する腐朽的な金融取引は、リーマン・ショックのような金融危機・経済危機を誘発し、世界経済を大混乱に陥れるので、このような実体経済とかけ離れた金融取引（為替、株式、債券、先物、デリバティブなど）に課税することで、投機目的の金融取引を抑制するねらいがある。これは「カジノ型金融資本主義」の手足を縛ることにもなる。

わずか〇・〇一%といった低率の課税でも、EU一一カ国という制限された地域ですら、三五〇億ユーロ（約四兆三四〇〇億円）の歳入を得ることができるのは、いかに巨額の投機目的の金融取引が行われているのかを示している。しかもEU一一カ国の金融取引額はアメリカと比較すれば次元の違うほど低額である。

リーマン・ショック後、G20などの国際会議でも、ドイツ・フランス・中国などから、世界経済の安定化のために金融取引税を導入すべきである、との提案があったが、そのたびに「カジノ型金融資本主義」諸国のアメリカ、イギリス、そして日本が反対して実現しなかった。だが、金融取引税の導入なくして、もはや世界と自国の経済の不安定化を抑えることはできない時代になり、今回の欧州委員会の提案は、積極的な意義をもっている。

4 福祉・生活・地域重視への政策転換

戦後日本の経済成長政策の主要な柱は、道路、橋、工場団地など産業関連のインフラを中心にした大型公共事業であった。建設国債を大量に発行し、借金によって得た財政資金で公共事業を行ってきた。不景気なると、さらに大規模な公共事業予算が組まれた。

一九九〇年代には、「日米構造協議」により、日本の内需拡大策として一〇年間に四三〇兆円（その後六三〇兆円に増額）を実施するとの対米公約から、国債発行に依存した大型公共事業が実施され、政府債務が一挙に拡大した。

まだ建設業や製造業などの第二次産業がわが国の産業構造において主要な地位を占めていた一九六〇—七〇年代まで、公共事業などの産業基盤の整備・充実は、経済成長や雇用促進策としても、一定の有効性を発揮した。だが、産業構造は、経済成長と技術革新にともなって急激に変化し、もはや建設業や製造業ではなく、卸売・小売業、医療・福祉・教育、飲食店などのサービス産業・第三次産業が支配的な産業になってきた。

現代日本の六二〇〇万人の就業者たちを、産業別の割合（二〇一〇年）でみると、第一次産業四％、第二次産業二四・八％、第三次産業七〇・二％であり、七割以上の人々がサービス産業・第三次産業に従事している。

したがって、従来のように、道路を造り、橋を架け、といった公共事業によって、直接恩恵を被る人々の割合は、第一次産業と第二次産業の従事者を合計しても、六二〇〇万人の就業者全体の二八・八％であり、三割に満たない。残りの七割以上の人々にとっては、従来型の公共事業は、直接的な恩恵はなく、就業機会を拡大するでもなく、むしろ家計の負担を重くする政府債務の原因になっている。

そのうえ、戦後の大型公共事業は、大手ゼネコンとそのグループのネットワークのなかに囲い込まれ、利権の構造ができあがっているため、北海道から沖縄まで、全国に散在する中小工務店・土建業・地場産業にまで、資金と仕事が回っていかない。そのため、公共事業の景気対策効果も弱体化してきた。

むしろ、「雇用を増やすには、公共事業よりも福祉だ」、「社会保障の経済効果は公共事業より大きい」[96]ことに目を向けるべきである。たとえば、一兆円を投じた効果を計算すると、生産への波及効果は、公共事業が二兆八〇〇〇億円、福祉サービスが二兆七〇〇〇億円とあまり変わらないが、雇用の増加は、公共事業が二〇万七〇〇〇人なのに対して、福祉が二九万人と大きな差がでる。福祉の雇用効果の方が、一兆円投入のケースで、八万人ほど多い。さらに、雇用の創出効果だけを取り出すと、別の調査では、需要一億円あたりの雇用創出人数は、公共事業では、わずかに九九七〇人に過ぎないが、介護の分野では二万四七八六人にも達する。[97] 介護に予算を投じた方が、公共事業よりも、その二・五倍もの雇用を生み出す。

介護や福祉の場合は、その施設づくりやバリアフリーの街づくりにしても、介護サービスやホームヘルパーの雇用にしても、その経済効果のほとんどは、「地域直結」型、「地元還元」型である。まさに北海道から沖縄まで、日本列島全体に需要が発生し、仕事と雇用を創り出し、地域と生活を再建し、活性化させるにちがいない。

世界第三位の「経済大国」にまでのぼりつめ、少子高齢社会となった日本では、これから経済を成長させようとする開発途上国やＢＲＩＣｓ新興諸国のような成長目的の大型公共事業は必要ない。むしろ老若男女が安心して暮らせるようなバリアフリーの街づくり、社会保障や医療・福祉の充実が、多数の国民のニーズである。また将来の暮らしの展望をもつことで、健全な消費が姿を現し、バブル崩壊後の長期にわたる「失われた年月」から解放されるであろう。

産業構造が高度化し、サービス産業に従事する人々の割合が圧倒的に多くなり、しかも高齢社会となった現代日本においては、公共事業よりも、社会保障を充実させる経済政策の方が、きわめて有効であることがわかる。憲法第二五条の生存権を優先する社会保障の充実政策が、景気対策としても有効な時代が訪れている、といえよう。こうした安定した社会を実現しながら、長期展望のもとに債務償還が計画されるべきである。

5　企業国家・軍事国家・福祉国家——どのモデルを選択するか

周知のように、憲法は国を縛り、法律は国民を縛るといわれるが、国民の生存権を明記した日本国憲法（第二五条）は、「すべて国民は、健康で文化的な最低限度の生活を営む権利を有する。国は、すべての生活部面について、社会福祉、社会保障及び公衆衛生の向上及び増進に努めなければならない」と明記している。

改めて振り返ってみて、わが国は、このような生存権を保障してきただろうか。大規模公共事業に偏った予算配分は、基本的には重化学工業育成の国内基盤充実政策であり、これから経済を成長させようとする発展途上国には必要な措置といえるが、日本においては一九六〇年代に終わっている。

予算は、その国の経済社会のあり方を映し出す鏡である。先進五カ国の主な予算配分を比較すると、同じ先進国といっても、三つのタイプに分類できる。

第一のモデルは、企業中心社会日本のように、もっぱら経済成長を最優先する財政運営を行っている「企業国家」モデルである。第二は、国家予算の三割近くを軍事費に向けるアメリカのような「軍事国家」モデルである。そして第三は、社会保障や福祉に重点的に予算を投入するドイツ・フランスのような「福祉国家」モデルである。

すでに少子高齢社会に突入しているわが国は、いままでのような「企業国家」モデルのままでいくのか、それともアメリカの従属的な国としてアメリカの外圧に応えて「軍事国家」モデルに踏み出すのか、あるいはまた経済規模は日本の三分の二以下であるけれども、日本国憲法第二五条でいう生存権を優先させるドイツ・フランスのような「福祉国家」モデルに方向転換するのか、私たちは、いま、その選択を迫られているようである。

膨大な政府債務の長期的な償還プログラムを立ち上げ、かつ内外の金融機関・投資家の非生産的で投機的な金融ビジネスに歯止めをかけ、安定した経済社会を実現するには、ヨーロッパ諸国から数周遅れではあるが、社会の安定や個人の生活を優先した「福祉国家」日本が求められている。

おわりに

歴史的には戦争の軍資金調達のため、戦後は経済成長と景気刺激を目的にした公共事業の資金調達のため、国債が増発されてきた。近年では、世界各国で見られるバブル経済の膨張と崩壊、不況の深刻化がもたらした金融危機・財政危機・経済危機に対処する財政資金調達のために、各国で国債が増発された。

政府が元本の償還と利子の支払いを保証する国債が増発され、巨額の政府債務が累積すると、国債に投資し、政府の債権者になった国債保有者に対して、政府が支払う国債の元利金が増大する。すると、毎年の予算の中で国債費の割合が増え、そのほかの社会保障関連予算などを圧迫するようになる。そのうえ、膨れあがる国債費を調達するために、新たに国債が発行されたり、新たな財源を求めて新税が導入されたり、国民負担が増大し、国民生活が圧迫される。

だが、増発される国債は、政府の徴収する税金に裏付けされた格付の高い金融商品であるため、利益を求めグローバルに活動する巨大な金融機関・大口投資家たちは、各国国債市場を舞台にした旺盛な金融ビジネスを展開するようになり、国債市場から利子や売買差益などの巨額の利益を受け取るようになった。不透明で先行きの見えない時代であればなおさら、格付の高い国債は、投資物件としてますます多くのマネーを集め、政府保証の国債ビジネスは活況を呈し、国債市場はさらに膨張してきた。

国債市場が膨張し、その国の金融・証券市場に対して大きな影響力をもってくると、国庫の資金繰りを依存する財政当局も、物価や金融システムの安定を意図する金融当局も、国債市場の動向に無関心でいられなくなる。

各国政府は、大量の国債を首尾よく発行できるように、内外の国債投資家のニーズを反映したさまざまな国債管理政策を実施するようになる。予算の編成や財政運営も、政府の債権者になった巨大金融機関と大口投資家の利益を反映するようになり、利益追求を最優先する資本の論理が優先し、社会保障や国民生活に関連する行政サービスが削減されるようになった。

そのうえ、国債相場を安定させ、できるだけ国債の利子負担を低くし、国債費を切り詰めようとする政府は、中央銀行に対して、低金利と金融緩和政策を強く要請し、中央銀行の独立性を脅かしてでも、政権の財政運営と経済政策に従属させようとする。歴史的にも、時の政権は、戦費調達やさまざまな政策遂行の財源を求めて、発行した国債を直接引き受けさせるなど、中央銀行を財布代わりに利用してきた。

だが、各国の中央銀行は、その国のマネーを発行する発券銀行であり、過大な金融緩和とインフレ政策は、通貨価値を暴落させ、その国のマネーの信認を毀損《きそん》し（壊し）、時として爆発的なハイパーインフレを起こし、社会生活を破壊してきた。

また中央銀行の信用に依存した国債の増発は、返済不可能なほどの国債を抱えこみ、国によっては、国債の利払いを延長したり、不履行にしたり、などの深刻な政府債務危機を引き起こしてきた。

二一世紀初頭の日本の政府債務残高は、自国の経済規模の二倍を超え、主要国の中でも最悪の政府債務大国に転落している。どのようにしてこの莫大な政府債務を償還するのか、私たちはのっぴきならない課題に直面している。この課題に応えることは、主催者である私たちがこれからどのような社会を選択するのか、にかかっている。歴史の教訓に照らして、なんとしても回避したいのは、ハイパーインフレと国民への大増税によって、政府債務を償還することである。

注
92 http://jp.reuters.com/article/domesticEquities4/idJPJT829211820130214、二〇一三年二月一五日。
93 マウリツィオ・ツァラート（二〇一二）『〈借金人間〉製造工場』一七―一八ページ。
94 マウリツィオ・ツァラート（二〇一二）『〈借金人間〉製造工場』一二〇ページ。
95 マウリツィオ・ツァラート（二〇一二）『〈借金人間〉製造工場』一四六―一四七ページ。
96 『朝日新聞』一九九九年六月二〇日。
97 『朝日新聞』二〇〇九年四月一九日。

あとがき

国債は、株式などと違って、新聞やニュースで取りあげられることが少なく、またその動向も、わかりやすく何円といった価格ではなく、小数点を含む数値（利回り）で表示されるために、なんともわかりにくい。とはいえ、ハッキリわかっているのは、国債とは、国民の税金で返済しなければならない政府の借金である、ということである。

しかも、その発行残高は、戦費調達のために増発したわけではないのに、自国の経済規模の二倍に達し、第二次世界大戦直後に匹敵する事態を迎えてしまった。

そもそも、どうしてこんな事態を迎えてしまったのか、これからどうすればいいのか、本書のテーマはそこにある。そして、どうすればいいのかを最終的に意思決定するのは、大口の国債投資家でなく、主権者である私たち国民にほかならない。毎年、国債をいくら発行するかを決めたのは国会であるから、その償還のやり方も国会で決めることになるからである。

国債問題は、かれこれ四半世紀前の私の学位論文（『国債管理の構造分析』日本経済評論社）のテーマであった。今回、このような著書として上梓できたのは、大月書店松原忍氏のご高配とご英断によるものである。厚く御礼申し上げます。

二〇一三年五月

山田　博文

〔参考文献・資料〕

Business Week, Newsweek, The Economist, 『エコノミスト』、『金融財政事情』、『金融ビジネス』、『週刊東洋経済』、『週刊ダイヤモンド』、『日経公社債情報』 各誌

European Commission Eurostat Home http://epp.eurostat.ec.europa.eu/portal/page/portal/eurostat/home/

OECD Home http://www.oecd.org/home/

財務省Home http://www.Mof.go.jp/

内閣府Home http://www.Cao.go.jp/

日銀Home http://www.Boj.or.jp/

Global financial assets, The Economist, Jul. 30, 2011 from print edition, http://www.economist.com/node/21524908

Brendan Martin（1993）In The Public Interest? —Privatisation and Public Sector Reform—, Zed Books.

Hein, Eckhard（2012）Finance-dominated capitalism, re-distribution and the financial and economic crises — a European perspective, Berlin School of Economics and Law, Online at http://mpra.ub.uni-muenchen.de/35903/MPRA Paper No.35903.

Chained but untamed, Special Report —International Banking, The Economist, May 14, 2011

European Central Bank（2012）*The Statistics Pocket Book*

IMF Working Paper （2010） *A Historical Public Debt Database*

IMF Working Paper （2011） *Assessing the Risks to the Japanese Government Bond* （*JGB*） *Market*

IMF （2012a） *World Economic Outlook Database*

IMF（2012b）Fiscal Monitor

Vincent Wright (ed.) (1994), Privatization in Western Europe-Pressures, Problems and Paradoxes, Pinter Publishers,

UK.
United Nations (2011) World Economic Situation and Prospects
JETRO(二〇一二)『欧州債務危機をめぐる動き』
芦田亘(一九八九)「現代国家と経済政策」、関下稔・芦田亘・柳ヶ瀬孝三著『現代資本主義』有斐閣
久留間健・山口義行・小西一雄編(一九八七)『現代経済と金融の空洞化』有斐閣
ジャック・アタリ(二〇一一)『国家債務危機』作品社
ルドルフ・ヒルファデング(一九六四)『金融資本論(上)』林要訳、大月書店、国民文庫
マウリツィオ・ツァラート(二〇一二)『〈借金人間〉製造工場』作品社
カール・マルクス(一九七二)『資本論③』岡崎次郎訳、大月書店、国民文庫
代田純(二〇一二)『ユーロと国債デフォルト危機』税務経理協会
JETRO(二〇一二)『欧州債務危機をめぐる動き』二〇一二年四月二七日
高田太久吉(二〇〇九)『金融恐慌を読み解く』新日本出版社
鶴田満彦(二〇〇五)「グローバル資本主義」、鶴田満彦編『現代経済システム論』日本経済評論社
真壁昭夫・玉木伸介・平山賢一(二〇〇五)『国債と金利をめぐる三〇〇年史』東洋経済新報社
宮本憲一(一九八一)『現代資本主義と国家』岩波書店
山口義行編(二〇〇九)『バブル・リレー』岩波書店
山田博文(一九九〇)『国債管理の構造分析』日本経済評論社
山田博文(二〇〇五)『これならわかる金融経済(第二版)』大月書店
山田博文(二〇一二)『99%のための経済学入門』大月書店
米田貢(二〇〇七)『現代日本の金融危機管理体制』中央大学出版部

金融辞典編集委員会編（二〇〇二）『大月金融辞典』大月書店
日本銀行（二〇一二）『金融システムレポート二〇一二年四月号』
大蔵省昭和財政史編集室編（一九五四）『昭和財政史』第六巻国債、東洋経済新報社
外務省経済局国際経済課（二〇一二）『主要経済指標（日本及び海外）』
財務省（二〇一二）『債務管理レポート二〇一二』
参議院予算委員会調査室作成資料（二〇〇七）『経済のプリズム』第四〇号
内閣府編（二〇〇二）『経済財政白書（平成一四年版）』
内閣府（二〇一一）『世界経済の潮流　二〇一一―Ⅰ』
内閣府（二〇一二a）『世界経済の潮流　二〇一二―Ⅰ』
内閣府（二〇一二b）『平成二四年度年次経済財政報告（説明資料）』
日本銀行調査局編（一九六八）『日本金融史資料（昭和編）』第二〇巻
日本証券経済研究所編（一九八一）『新版現代証券事典』日本経済新聞社
日本証券経済研究所（二〇一二）『ヨーロッパの証券市場二〇一二年版』
三井物産戦略研究所（二〇一一）『欧州ソブリン債務危機の現状と展望』

本書は、書き下ろしだけでなく、以下の既発表の拙稿を加筆・訂正し、一部再構成している。「グローバル化する政府債務の危機」『経済』二一一号、二〇一三年三月、「現代資本主義と政府相手の金融ビジネス」『商学論纂』（中央大学）第五四巻第三・四合併号、二〇一二年一二月、「国債の累積と超金融緩和政策」『高崎経済大学論集』第五四巻第四号、二〇一二年三月、「財政赤字と累積国債の経済学」『税経新報』五六三号、二〇〇九年一月、「現代経済システムと国債の累積」経済理論学会『季刊・経済理論』第四三巻第三号、二〇〇六年一〇月。

著者略歴

山田博文

（やまだ・ひろふみ）　群馬大学教育学部教授。商学博士。1949年新潟県生まれ。中央大学大学院商学研究科博士課程満期退学（単位取得）。以後、（財）日本証券経済研究所、八戸大学を経て、現職。

主な著書『99％のための経済学入門』（大月書店、2012年）、『これならわかる金融経済（第1版・第2版）』（大月書店、2000-2005年）、『金融自由化の経済学』（大月書店、1993年）、『金融大国日本の構造』（みずち書房、1991年）、『国債管理の構造分析』（日本経済評論社、1990年）、『サスティナブル社会とアメニティ』（共著、日本経済評論社、2008年）、『現代経済システム論』（共著、日本経済評論社、2005年）、『グローバリゼーションと多国籍企業』（共著、中央大学出版部、2003年）、『現代日本経済論』（共編著、日本経済評論社、1997年）、ほか。

国債がわかる本

政府保証の金融ビジネスと債務危機

2013年5月31日　第1刷発行

定価はカバーに表示してあります

◉著者——山田博文

◉発行者——中川　進

◉発行所——株式会社　大月書店

〒113-0033　東京都文京区本郷2-11-9

電話（代表）03-3813-4651

振替00130-7-16387・FAX03-3813-4656

http://www.otsukishoten.co.jp/

◉印刷——太平印刷社

◉製本——中永製本

ISBN 978-4-272-14061-9 C0033 Printed in Japan